Walther Wimmenauer

Beiträge zur Kritik des Determinismus aus neuester deutscher Philosophie

Verlag
der
Wissenschaften

Walther Wimmenauer

Beiträge zur Kritik des Determinismus aus neuester deutscher Philosophie

ISBN/EAN: 9783957007513

Auflage: 1

Erscheinungsjahr: 2016

Erscheinungsort: Norderstedt, Deutschland

Hergestellt in Europa, USA, Kanada, Australien, Japan
Verlag der Wissenschaften in Hansebooks GmbH, Norderstedt

BEITRÄGE ZUR KRITIK DES DETERMINISMUS
AUS NEUESTER DEUTSCHER PHILOSOPHIE.

Dissertation

zur

Erlangung der Doktorwürde

der

PHILOSOPHISCHEN FAKULTÄT

der

Grossherzoglich Hessischen Landesuniversität zu Giessen

vorgelegt von

WALTHER WIMMENAUER

aus Lich (Oberhessen).

GIESSEN 1904
von Münchow'sche Hof- und Universitäts-Druckerei (O. Kindt).

Meinen Eltern

> Gewissen, lasse fürder mich in Ruh'!
> Den Sternen schreib' ich meine Sünden zu.
>
> Doch überleg' es, Hutten! Dreimal nein!
> Ein Sklave willst du nie gewesen sein.
>
> Du bist ein Feind von jeder Tyrannei
> Und deine Sünden auch begingst du frei!
>
> (Conrad Ferdinand Meyer.
> Huttens letzte Tage XXV.)

Inhaltsverzeichnis.

Seite

I. **Einleitung: Der gegenwärtige Stand des Problems der Willensfreiheit in der deutschen Philosophie.**   1

    1. Übersicht der Hauptlösungen und ihrer hervorragendsten Vertreter nach Müffelmann. Intelligible Freiheit. Indeterminismus. Determinismus. Fatalismus. 2. Vermittelnde Richtungen: Agnostizismus, „fatalistischer Determinismus", „indeterministischer Determinismus". 3. Beurteilung der intelligiblen Freiheit. 4. Unmöglichkeit des liberum arbitrium. 5. Nachweis, dass der reine Determinismus keinerlei Spontaneität zulässt. 6. Versuche, den strengen Zusammenhang des Seelischen mit der inneren Spontaneität in Einklang zu bringen, begründet auf einer Neuprüfung der Begriffe Substanz und Kausalität in ihrem Verhältnis zum Seelischen.

II. **Die Begriffe Substanz und Kausalität in ihrem Verhältnis zum Seelischen.**

    Erstes Kapitel: Das Wundtsche Prinzip des Wachstums der geistigen Energie.   10

    1. Wille als „reine Apperzeption". 2. Wille als Resultat der Wechselwirkung innerer Vorgänge. Ablehnung des Substanzbegriffs für das Seelische. 3. Psychologische Kausalität im Gegensatz zur mechanischen. 4. Prinzip des Wachstums der geistigen Energie. 5. Möglichkeit einer Auffassung dieses Wachstumsgesetzes im Einklang mit dem strengen Determinismus. 6. Möglichkeit einer dem strengen Determinismus widersprechenden Auffassung desselben. 7. Unvereinbarkeit des Wachstumsprinzips mit der Wundtschen Grundauffassung des Seelischen. — Übergang zu Dilthey.

    Zweites Kapitel: Die Diltheysche Selbstbesinnung.   18

    1. Empirismus und Apriorismus als gegensätzliche erkenntnistheoretische Standpunkte. 2. Diltheys Mittelstellung.

3. Notwendigkeit eines Rückgangs auf die „Totalität des Selbstbewusstseins". Die Begriffe Substanz und Kausalität beruhen ursprünglich auf einem Erlebnis des Willens. 4. Bestätigung dieser Herleitung durch die in der geschichtlichen Entwickelung des Denkens offenbar gewordene Unfähigkeit dieser Begriffe, widerspruchslose, metaphysische Erkenntnis zu vermitteln. 5. Brauchbarkeit der Begriffe zur Beherrschung der Erfahrungen. Das Kausalgesetz in seiner strengen Form gültig für alles Naturgeschehen. 6. Unmöglichkeit einer Übertragung des Substanzbegriffs auf das Seelische. 7. Besondere Schwierigkeiten angesichts der Frage nach der Anwendbarkeit des Kausalbegriffs auf das Seelische.

Drittes Kapitel: Analyse des Willenslebens.   30

1. Durchgängige Analogie zwischen Naturgeschehen und Willensgeschehen in Fällen der einfachen Triebhandlung, der Wahlentscheidung zwischen aktuellen Motiven, des Motivationsprozesses an der Hand des seelischen Mechanismus. 2. Unmöglichkeit des liberum arbitrium auch bei anscheinenden Willkürentscheidungen. 3. Zulässigkeit einer Übertragung des strengen Kausalgesetzes auf die vorgenannten Fälle. 4. Nachweis einer Energie der verstandesgemässen Reflexion. 5. Nachweis einer Energie der Wertbeurteilung. 6. Prinzipielle Würdigung derselben als Momente der Spontaneität. 7. Anerkennung des Rechtes der nachträglichen Betrachtung sittlicher Willenskonflikte, die Bedingtheit des Entschlusses in zureichenden Gründen nachzuweisen. 8. Anerkennung der Bedeutung von Vererbung und Milieu für die Entstehung des sittlichen Bewusstseins. 9. Rechtfertigung der ethischen Spontaneität als des entscheidenden Momentes der sittlichen Charakterentwickelung. 10. Abhängigkeit des Intensitätsgrads der jeweilig aufzuwendenden Spontaneität von der Vergangenheit des Willenslebens. 11. Rechtfertigung der Freiheit aus manchen Beobachtungen des Lebens und einer unbefangenen Deutung der Gewissensaussagen. — 12. Würdigung der Ergebnisse der Moralstatistik. 13. Rückblick und Zusammenfassung. 14. Stellung des metaphysischen und religiösen Bewusstseins zum Problem der Freiheit. 15. Übergang zur Schlussbetrachtung.

		Seite
III. Schlussbetrachtung: Das Postulat der Ethik.		54

1. Innere Zusammengehörigkeit des Determinismus mit einer bestimmten Antwort auf die Frage nach der Entstehung und dem Sinn der ethischen Bewusstseinsinhalte. **2.** Unerlässlich'eit der Annahme eines eigenartigen Wertbewusstseins als ethischen Urphänomens und der Auffassung der ethischen Bewusstseinsinhalte als unbedingt wertsetzender und verpflichtender Normen. **3.** Die Forderung der Freiheit als notwendiges Korrelat dieser Auffassung. — **4.** Zusammenfassender Rückblick.

Abkürzungen Diltheyscher Schriften.

Einl. = Einleitung in die Geisteswissenschaften. Band I. Leipzig 1883.

Real. = Beiträge zur Lösung der Frage vom Ursprung unseres Glaubens an die Realität der Aussenwelt und seinem Recht. (Sitzungsberichte der Kgl. Preuss. Akad. d. Wiss. z. Berlin. Jahrgang 1890.)

Psych. = Ideen über eine beschreibende und zergliedernde Psychologie. (Sitzungsberichte der Kgl. Preuss. Akad. d. Wiss. z. Berlin. Jahrgang 1894.)

I. Einleitung:
Der gegenwärtige Stand des Problems der Willensfreiheit in der deutschen Philosophie.

1. Aus der Fülle der Schriften, die über das uralte und ewig junge „Grübelproblem" von der Freiheit des menschlichen Willens auch in unserer Zeit fort und fort erscheinen, hebt sich als eigenartig nach Anlage und Zweck die Arbeit von Müffelmann[1]) heraus. Sie beabsichtigt nicht die Geltendmachung neuer, bisher unerhörter Gedanken für die Lösung des Problems, sie will vielmehr lediglich eine möglichst umfassende Übersicht geben über den gegenwärtigen Stand unserer Frage in der deutschen Philosophie. Nach einem kurzen Rückblick auf die Geschichte des Problems setzt die Behandlung des eigentlichen Themas ein, und zwar sucht Müffelmann seiner Aufgabe dadurch gerecht zu werden, dass er eine grosse Anzahl der unmittelbaren Gegenwart angehöriger Philosophen einem ins einzelne gehenden Schema der Lösungsversuche einordnet. So unterscheidet er zunächst vier charakteristische Ausprägungen der letzteren: Intelligible Freiheit, Indeterminismus, Determinismus, Fatalismus. Das Eigentümliche der erst genannten Lösung, für deren Begründer und typischen Vertreter natürlich Kant gelten muss, besteht bekanntlich darin, dass hier die Freiheit aus

---

[1]) Leo Müffelmann, Das Problem der Willensfreiheit in der neuesten deutschen Philosophie. Leipzig 1902.

der an Raum und Zeit gebundenen Erscheinungswelt zurückverlegt wird in eine intelligible Region. Die Weiterbildung dieser Kantischen Lehre erfolgte durch Schelling und Schopenhauer; auch die Schüler des letzteren, Bahnsen und Mainländer bekennen sich nachdrücklich zu ihr[1]). Ferner erblickt Kuno Fischer, der klassische Interpret Kants, in jener Lehre des Meisters auch die Lösung des Problems der Willensfreiheit. Die zweite von Müffelmann vermerkte, charakteristische Ausprägung ist der sogenannte **Indeterminismus**, der Standpunkt des liberum arbitrium, wonach „der menschliche Wille, unbeeinflusst durch Gründe und Motive, nach freier Willkür seine Entscheidungen trifft"[2]). Diese im Bewusstsein der Massen noch immer lebendige Auffassung hat in neuerer Zeit Lotze mit Nachdruck zu stützen gesucht, desgleichen sein Schüler Sommer. Auch in den auf unsere Frage bezüglichen Ausführungen Wentschers in seiner Ethik will Müffelmann den reinen Indeterminismus erkennen. Ferner erwähnt er in diesem Zusammenhang die auf Thomas von Aquino zurückgehenden Lehren katholischer Philosophen, wie Feldner, Gutberlet, Kneib, sowie den „relativen Indeterminismus" Fr. J. Machs. Schliesslich wird geltend gemacht, dass die indeterministische Anschauung auch in Strafrecht und Theologie noch Vertreter findet.

Diesen die Freiheit in irgend einer Form bejahenden Lösungsversuchen stehen nun zwei andere gegenüber, welche die Freiheit — wenigstens im Sinne der Ursachlosigkeit und Willkür — verneinen; und zwar treffen wir auch hier eine massvollere Ausprägung an, den **Determinismus**, und eine entschiedene, ja schroffe, den **Fatalismus**. Der erstere, „auf seine prägnanteste Form ge-

---

[1]) Die Müffelmannsche Schrift ist so übersichtlich angelegt, dass Einzelverweise hinsichtlich der zahlreichen charakterisierten Philosophen entbehrlich erscheinen.

[2]) 32.

bracht", behauptet folgendes¹): Die menschlichen Willensvorgänge sind motiviert und gehen aus zureichenden Gründen hervor. Trotzdem aber ist der Begriff der Freiheit voll berechtigt und wohl begründet. Freiheit bedeutet: Determinierung der einzelnen Willensinhalte durch das Ich, durch den Charakter, durch das, was ich meine innerste Persönlichkeit nenne. Diese Freiheit steht im Gegensatz zur Unfreiheit, d. i. der Motivation durch fremde, meinem Wesen fern liegende Momente. — Diese Lehre, von Müffelmann als „reiner" Determinismus bezeichnet, hat nun eine grosse Anzahl von Vertretern in den verschiedensten Lagern der gegenwärtigen deutschen Philosophie. So werden in diesem Zusammenhang genannt v. Hartmann, Fechner, Paulsen, Lipps, Simmel, Külpe; von Neukantianern Liebmann, Windelband, Natorp, Adickes; von Positivisten Laas und Riehl; von Immanenzphilosophen Schuppe und Rehmke. — Diesem Versuch gegenüber, Freiheit dadurch zu retten, dass man dem Begriff eine von der populären Auffassung verschiedene Bedeutung beilegt, beharrt der **Fatalismus** schroff auf seiner Leugnung jeglicher Freiheit. Nach ihm gelten rein mechanische Gesetze auch für das Innenleben des Menschen. Charakteristische Vertreter dieser Auffassung können heissen Haeckel, Paul Rée und — wenigstens für eine Stufe seiner vielgestaltigen Entwickelung — Nietzsche.

2. Neben den im vorigen charakterisierten vier Hauptlösungsversuchen laufen nun gewisse vermittelnde Richtungen her. Aus dem Bewusstsein der unendlichen Schwierigkeiten des Problems erwächst eine Art **Agnostizismus**: Bei dem Zugeständnis, der Determinismus sei theoretisch und wissenschaftlich unwiderlegbar, hört man dennoch nicht auf, den Indeterminismus als von der **praktischen** Vernunft unweigerlich gefordert anzunehmen.

---

¹) 84.

Aus diesem Dilemma herauszuführen, wird dann nicht der weltlichen Wissenschaft sondern der Theologie anheimgestellt. So bei Dunckmann. Ferner weisen die vier Hauptlösungen neben ihren konsequenten Ausprägungen auch gewisse Zwischenschattierungen auf. So unterscheidet Müffelmann einen „fatalistischen Determinismus" und einen „indeterministischen Determinismus". Als Vertreter des letzteren erwähnt er Sigwart und Wundt.

Müffelmann einerseits betont mit Entschiedenheit, das, was er „reinen" Determinismus nennt, bilde die endgültige Lösung des Problems[1]. Diese Überzeugung stützt sich vornehmlich auf die beiden Argumente, welche der Determinismus von jeher für sich ins Feld geführt hat: die Notwendigkeit einer Geltung des strengen Kausalgesetzes auch für alles geistige Geschehen sowie die Vereinbarkeit ethischen Fühlens und Handelns mit seiner Lehre.

3. Wir versuchen es nunmehr, zu den im vorigen gekennzeichneten Lösungen des Problems kritisch Stellung zu nehmen, und wenden uns zunächst den beiden erstgenannten Theorien zu. Kant wurde zur Ausbildung seiner eigenartigen Freiheitslehre durch die Möglichkeit veranlasst, die für sein ganzes Denken so bedeutungsvolle Unterscheidung zwischen Erscheinung und Ding an sich auch auf das menschliche Willensleben zu übertragen. Der „intelligible Charakter", der hinter dem empirischen, der Erscheinungswelt angehörigen Wesen des Menschen stehen sollte, konnte für sich die Freiheit beanspruchen, die jenem anderen, in den Geltungsbereich des strengen Kausalgesetzes fallenden Charakter versagt werden musste. Nun ist es aber unverkennbar, dass bei Kant, was die genauere Präzisierung dieses intelligiblen Charakters anlangt, ein bedenkliches Schwanken zu Tage tritt. Zwei Möglichkeiten der Auffassung bieten sich dar. Einerseits

---

[1] 110.

scheint aus zahlreichen Stellen zu folgen, der intelligible Charakter liege dem gesamten empirischen Wesen des Menschen und damit auch allen demselben angehörigen Willensentschlüssen zu Grunde. Mit dieser Fassung ist die gleichzeitig unverbrüchliche Geltung des strengen Kausalgesetzes für die Willenshandlungen als Erscheinungen wohl vereinbar; aber die Freiheit entweicht hier in entlegene Regionen und wird nur durch ein rein theoretisches Interesse gehalten. Denn praktisch sinkt diese Freiheit, die sich in unserm empirischen Willensleben gar nicht zur Geltung zu bringen vermag, doch zur Bedeutungslosigkeit herab. Auf der anderen Seite gibt es bei Kant Stellen genug, welche eine völlig abweichende Auffassung des intelligiblen Charakters nahe legen. Danach entspricht er nicht dem ganzen empirischen Wesen des Menschen, sondern lediglich seiner Vernunft, und zwar der praktischen Vernunft, dem Vermögen also, das handelnde Leben durch Aufstellung allgemein verbindlicher Normen zu regeln. Diese Gleichsetzung böte dem intelligiblen Charakter die Möglichkeit des Eingreifens in den Verlauf des empirischen Willenslebens und begründete so eine wirkliche Freiheit; es stimmt auch weit besser zu dem ethischen Pathos des grossen Philosophen, wenn dem Menschen dergestalt die Fähigkeit zugesprochen wird, das was er soll auch zu können. Aber — das strenge Kausalgesetz gilt dann dem Hereinspielen jenes Faktors zufolge eben nicht mehr unverbrüchlich für das empirische Willensleben. Diese Zwiespältigkeit in Kants Äusserungen ist durch die letzte eingehende Untersuchung von Messer[1]) wiederum in helles Licht gestellt worden. Auch Windelband[2]) gibt sie in seiner neuen Schrift unumwunden zu. — Die Weiterbildung, welche diese Lehre vom intelligiblen Charakter

---

[1]) August Messer, Kants Ethik. Leipzig 1904. S. 343 ff.
[2]) Über Willensfreiheit. Tübingen und Leipzig 1904. S. 184 ff.

durch Schelling, Schopenhauer und dessen Schüler erfahren hat, knüpft durchaus an jene erste Auffassungsmöglichkeit an und ist aufs engste mit der metaphysischen Grundrichtung dieser Philosophen verwoben.

4. Wenden wir uns nunmehr dem zweiten von uns charakterisierten Lösungsversuch zu, so kann es keinem Zweifel unterliegen, dass der Indeterminismus des liberum arbitrium heutzutage für überwunden gelten muss, so sehr diese Auffassung noch in dem unmittelbaren Gefühl des naiven Menschen einen Rückhalt haben mag. Dass unser Wille blindlings, ohne auf Gründe und Motive zu achten, bald hierhin, bald dorthin fahre und demgemäss entscheide, dass unser Willensleben einer Wage gleiche, die ohne Rücksicht auf die Belastung der Schalen bald so, bald anders ausschlage, — wer wollte es heute noch ernstlich vertreten? Soviel ist sicher: Kann Freiheit im Sinne von lebendiger Spontaneität gerettet werden, so muss sie jedenfalls irgendwie in Übereinstimmung gebracht werden mit der unbestreitbaren Tatsache, dass für unser Willensleben Gründe und Motive von grösster Bedeutung sind.

5. Denn das ist das Bestechende, auf den ersten Blick Überzeugende an dem Standpunkt des „reinen" Determinismus: Er trägt dem Zusammenhang, den wir allenthalben in unserm Willensleben beobachten, der Tatsache, dass unsere Entschlüsse an der Hand der seelischen Motivation erfolgen, in vollem Masse Rechnung; und zwar um so mehr, als bei ihm auch die Vergangenheit des Willenslebens in diesen Motivationsprozess entscheidend eingreift. Dazu legt er dem ungehemmten Wirken dieser Vergangenheit des Willens den stolzen Namen der Freiheit bei, ja er beansprucht, damit erst die wirkliche Freiheit begründet zu haben. Nun mag man dieser „Freiheit" eine noch so hohe Bedeutung beilegen, — nötig ist es jedenfalls, darauf hinzuweisen, dass sie nichts gemein hat mit dem, was man sonst unter Freiheit zu verstehen pflegt, mit lebendiger

innerer Spontaneität. Jeder unserer Willensentschlüsse ist entsprechend der strengen Geltung des Kausalgesetzes mit Notwendigkeit erfolgt. Nun mag man sich den Aufbau eines menschlichen Willenslebens in folgender Weise denken. Ererbte Anlagen zeitigen im Verein mit den ersten, von der Aussenwelt — im weitesten Sinn des Wortes — an uns herangebrachten Motiven unsere frühesten Willensentschlüsse. Allmählich bildet sich in dem Wechselspiel von ererbten Neigungen und Einwirkungen des Milieus durch eine Summierung der Entschlüsse eine vorzugsweise Disposition zu gewissen Entscheidungen, ein Charakter aus, der nun seinerseits für die Zukunft des Willenslebens sich zur Geltung bringt. So tritt in Fällen des Schwankens zu den jeweilig wirksamen aktuellen Motiven als weitere Potenz jene seelische Vergangenheit in Kraft. Kommt das Gewicht der letzteren für die Entschliessung entscheidend zur Wirksamkeit, dann dürfen wir von Freiheit reden; andernfalls nicht. — Selbst wenn der Determinismus inkonsequenterweise annehmen wollte, es könne sich im Verlauf des Willenslebens eine Fähigkeit des Individuums ausbilden, dem Schwergewicht dieser Motivation gegenüber auch irgendwelche darin nicht enthaltene eigne Regung zur Geltung zu bringen, dann würde doch eine solche niemals den Namen der Spontaneität verdienen. Es müsste eben dieses Plus wiederum als irgendwie bedingt und dem Grad seiner Wirkung nach fest bestimmt angenommen werden; sein Einsetzen dürfte nicht in unsere Macht gegeben sein. Denn andernfalls käme die Grundthese des Determinismus, wonach jede Willensentscheidung mit Notwendigkeit erfolgt ist, zum Scheitern.

So ist es einleuchtend, dass der Unterschied dieses Determinismus von jenem vierten charakteristischen Lösungsversuch unseres Problems, dem Fatalismus, jedenfalls nicht in dem Masse entscheidend ist, wie jener gern mit Emphase versichert. Als die Eigenart dieser letzten

Richtung charakterisiert sich — und das ist freilich ein bedeutungsvoller Unterschied vom Determinismus — das Absehen von jeder inneren Bedingtheit der Willensentschlüsse durch den Charakter. Mit Vorliebe beruft sich der Fatalismus auf das Dichterwort, wonach wir alle „nach ewigen, eh'rnen Gesetzen unseres Daseins Kreise vollenden" müssen. Demgegenüber bilden das Lieblingszitat des Determinismus jene Verse Wallensteins, die darauf hinweisen, dass „die inn're Welt, der Mikrokosmos" des Menschen den „tiefen Schacht" darstellt, aus dem seine Taten und Gedanken „ewig quellen" [1]. Aber wie sehr dem Determinismus auch diese dem Tatbestand gerechter werdende Auffassung gutgeschrieben werden muss, — einer unabänderlich waltenden Notwendigkeit ist auch nach ihm unser Leben unterstellt, auch er degradiert, so wenig er es Wort haben will, den lebendigen Menschen zu einer psycho-physischen Maschine.

So erklärt sich die merkwürdige Erscheinung, dass viele — und nicht die schlechtesten Geister sich bei aller Anerkennung der vom Determinismus ins Feld geführten Argumente bei dieser Lösung eben nicht beruhigen wollen. Aus solcher zwiespältigen Stimmung heraus erwachsen Versuche wie derjenige Dunckmanns, die Theologie zur letzten Instanz in unserer Frage zu machen, wird allen Beweisen gegenüber im Namen der Würde des Menschen geltend gemacht, die Freiheit umgebe sich „mit einem moralischen Noli me tangere" [2].

6. Aber solange der Anspruch des strengen Kausalgesetzes, auch für alles geistige Geschehen unbedingt zu gelten, unerschüttert dasteht, werden alle Versuche, wirk-

---

[1] Freilich hat Wentscher in seiner Ethik (S. 325) demgegenüber mit Recht geltend gemacht, dass der Held mit diesen Worten eben — irrt: Das in ihnen begründete blinde Vertrauen Wallensteins auf Octavio wird alsbald schmählich getäuscht.

[2] Müffelmann 101.

liche Freiheit zu begründen, an dem Widerspruch des wissenschaftlichen Gewissens notwendig scheitern. So scheint sich das Problem der Willensfreiheit dahin zuzuspitzen: Muss die Forderung dieses Gesetzes, ausnahmslos für alle Wirklichkeit zu gelten, als etwas Selbstverständliches, der Diskussion Entrücktes angenommen werden, oder — kann sich an diesen Anspruch ein Zweifel heranwagen?

Das allgemeine wissenschaftliche Bewusstsein der Gegenwart scheint die letztgenannte Möglichkeit aufs entschiedenste zu verneinen. Wir möchten sie bejahen. Wir erkennen in dem Denken hervorragender Philosophen unserer Zeit Elemente, welche geeignet erscheinen, die Zuversicht des strengen Kausalgesetzes einigermassen zu erschüttern. Diesen Bestrebungen ist gemeinsam der Versuch, eine Neuprüfung des Begriffes der Kausalität und des damit so nahe verwandten der Substanz in ihrer Anwendbarkeit auf das Seelische vorzunehmen. Woran wir denken, sind die Bemühungen Wundts, welche auf die Begründung eines Gesetzes vom Wachstum der geistigen Energie hinauslaufen, ist vor allem das Bestreben Diltheys, durch kritische „Selbstbesinnung" eine neue Grundlage der Erkenntnistheorie zu schaffen.

Der Vorführung und Beurteilung der von jenen Männern geltend gemachten Gedanken sind die folgenden Untersuchungen in erster Linie gewidmet. Ihr Recht mögen sie hernehmen von der Beobachtung, dass vor allem die für unser Problem so bedeutungsvollen Ergebnisse Diltheys in der wissenschaftlichen Diskussion über die Willensfreiheit nicht die Beachtung gefunden haben, welche sie verdienen; wie denn z. B. in der Müffelmann'schen Schrift der Name dieses Philosophen überhaupt nicht vorkommt. Daran schliesse sich, auf Dilthey fussend, der Versuch einer neuen Analyse des Willenslebens. Zum Schlusse bringe eine kurze Betrachtung in Erinnerung, dass die vom Determinismus vertretene und mit seinem Standpunkt in Einklang gebrachte Auffassung der ethischen Bewusstseinsinhalte keinen Anspruch auf ausschliessliche Gültigkeit hat; dass daneben eine andere Bewertung jener Inhalte möglich ist, als deren notwendige Konsequenz die Forderung der Freiheit gelten muss.

II. Die Begriffe Substanz und Kausalität in ihrem Verhältnis zum Seelischen.

Erstes Kapitel: Das Wundtsche Prinzip des Wachstums der geistigen Energie.

1. Ein Versuch, die Ansicht Wundts vom menschlichen Willensleben zur Darstellung zu bringen, wird sich stützen auf zwei seiner Hauptwerke, die physiologische Psychologie[1]) und die Ethik[2]). Sucht die erstgenannte Schrift den Ursprung des Willens und seinen Zusammenhang mit dem Physischen aufzudecken, so geht die zweite seinen realen Betätigungsweisen innerhalb der sozialen Gemeinschaft nach. Bei dem Studium dieser Werke drängt sich nun alsbald die Beobachtung auf, dass hier zwei verschiedene Auffassungsweisen des Willenslebens neben einander bestehen, vor deren Verwechselung man sich hüten muss. Zunächst wird die Unabtrennbarkeit des Willens von dem sonstigen Inhalt des Bewusstseins ausgesprochen; er ist von den Gefühlszuständen, an deren Hand er sich betätigt, so wenig losgelöst zu denken, wie jene etwa „jemals getrennt vorkommen von den Vorstellungen, auf die sie von uns bezogen werden"[3]). Dieser Unabtrenn-

---

[1]) Grundzüge der physiologischen Psychologie. 4. Auflage Band II. Leipzig 1893.
[2]) Ethik. 2. Auflage. Stuttgart 1892.
[3]) Phys. Psych. 564.

barkeit entspricht die **Unableitbarkeit** der inneren Willenstätigkeit von sonstigen seelischen Inhalten. „Gefühle und Triebe erscheinen nicht als Vorstufen für die Entwickelung des Willens, sondern als Vorgänge, die dieser Entwickelung selbst angehören, und bei denen die Wirksamkeit der inneren Willenstätigkeit als konstante Bedingung erforderlich ist[1]". So bekennt sich Wundt mit Entschiedenheit zu einer „**autogenetischen**" Willenstheorie, derzufolge der Wille nicht ein von anderweitigen Inhalten Bedingtes ist, sondern „eine ursprüngliche Energie des Bewusstseins"[2], die reine Apperzeption, welche jene Inhalte erst trägt. So wenig Gefühle und Triebe als ein dieser Apperzeptionstätigkeit Vorausgehendes und sie Bedingendes angesehen werden dürfen, so wenig darf dann auch die äussere Willenshandlung ursprünglich als ein dieser Apperzeption Nachfolgendes gelten. Sie ist vielmehr, wie bei der einfachen Triebhandlung, mit jener durchaus identisch, nichts anderes als eine „spezielle Form der Apperzeption"[3], für die Wundt den Namen „impulsive" Apperzeption einführt[4]. Allmählich bildet sich dann im Verlauf des Willenslebens eine Fülle von Bewegungsmöglichkeiten aus. Das hat zur Folge, dass die Apperzeption einer Bewegungsvorstellung nun nicht mehr unmittelbar identisch ist mit der Bewegung selbst, sondern eine oder mehrere Bewegungsvorstellungen der Ausführung der Handlung vorausgehen. Für diesen Tatbestand hat Wundt den Namen „reproduktive" Apperzeption[5]. Eine solche geht der impulsiven Apperzeption überall da voraus,

---

[1] Ebenda 562.
[2] 570.
[3] 568.
[4] 569.
[5] 569.

„wo der Willensentschluss das Ergebnis eines Streites zwischen verschiedenen Motiven ist"[1]).

2. An dieser Stelle, bei der Frage nach dem Zustandekommen der auf einer Mannigfaltigkeit von Beweggründen beruhenden Entscheidungen, greift nun eine neue Auffassung des Willens Platz. Hat die innere Apperzeption einmal verschiedene Vorstellungen und daran sich heftende Gefühlsinhalte ergriffen und dem Bewusstsein gegenwärtig gemacht, dann wirken jene in Gestalt von Motiven bestimmend auf das Willensleben ein. Aus ihrem Wechselspiel gegenseitiger Hemmung oder Förderung erwächst schliesslich das ausschlaggebende Motiv für die Willensentscheidung. Das Bewusstsein ist keine den seelischen Einzelinhalten überlegene Potenz, es ist vielmehr von diesen „ebenso wenig verschieden, wie das physische Leben eine besondere Kraft ist, die ausserhalb der sämtlichen physiologischen Prozesse existiert[2])". Deswegen „ist auch die Unterscheidung einer von dem Bewusstseinsinhalt verschiedenen Seele nur die Umwandlung des leeren Begriffs der Vereinigung und des stetigen Zusammenhangs der geistigen Tätigkeiten in ein reales Substrat[3]). Damit wird der Substanzbegriff auf das entschiedenste für das Seelische abgelehnt. Berechtigt ist er dagegen als Grundlage der äusseren Objekte und muss hier dem Begriff der Materie, als der festen Konstanz dieser Objekte, gleichgesetzt werden[4]).

3. Können wir dergestalt den seelischen Inhalten nicht wie den äusseren Objekten eine einheitliche Substanz zu Grunde legen, so vermögen wir auch den Ablauf des inneren Geschehens nicht in völlig analoger Weise wie die Veränderungen in der äusseren Natur zu deuten. Für

---

[1]) 569.
[2]) Ethik 435.
[3]) 457.
[4]) 468 f.

das Verständnis der letzteren haben wir den Begriff der mechanischen Kausalität[1]). Die Konstanz, welche aller Materie anhaftet, ermöglicht uns hier quantitative Bestimmungen der Einzelmomente und demzuolge auch genaue Vorausberechnung zukünftiger Ereignisse. Nun leuchtet es ohne weiteres ein, dass wir den Ablauf des inneren, seelischen Geschehens nicht ohne weiteres in den Zusammenhang der mechanischen Kausalität einbeziehen dürfen. Höchstens „die der Empfindung angehörige sinnliche Aussenseite des geistigen Lebens kann in bestimmten materiellen Vorgängen ihr Substrat finden[2])". Dagegen nehmen die sinnlichen Elemente „als Vorstellungen Teil an der psychologischen Kausalität der letzteren[3])". Diese psychologische Kausalität gilt selbstverständlich vor allem für den Motivationsprozess. Hier stellt sich nun Wundt mit Entschiedenheit auf den Standpunkt des Determinismus, in dem Sinne, dass er in dem Spiel der Motive die zureichenden Gründe für die Willensentscheidung erblickt[4]). Doch unterscheidet er diese psychologische Kausalität scharf von der mechanischen: Die bei dieser auf der quantitativen Bestimmbarkeit der Momente beruhende Vorausberechnung ist bei jener durchaus unmöglich[5]). Auch hinsichtlich der Auffassung des Freiheitsbegriffs befindet sich Wundt durchaus in Übereinstimmung mit dem reinen Determinismus. „Der Mensch handelt im ethischen Sinne frei, wenn er nur der inneren Kausalität folgt, die teils durch seine ursprünglichen Anlagen, teils durch die Entwickelung seines Charakters bestimmt ist[6])".

---

[1]) Ethik 467 ff.
[2]) 470.
[3]) 471.
[4]) 475.
[5]) 475.
[6]) 477.

4. Dennoch aber überschreitet Wundt in einem entscheidenden Punkte die Grenzen des strengen Determinismus. Er geht hier von der Annahme aus, dass das die Naturerkenntnis beherrschende Prinzip der Äquivalenz zwischen Ursache und Wirkung für die geistigen Tatsachen „keinen Sinn besitzt"[1]. Vielmehr proklamiert er hier ein zu dem Äquivalenzprinzip in vollem Gegensatz stehendes „Prinzip des Wachstums der geistigen Energie"[2]. Eine bestimmtere Formulierung dieses Gesetzes für das Willensleben legt ihm die Bedeutung bei, „dass die Effekte der Willenshandlungen zwar stets durch bestimmte psychische Ursachen determiniert, dass sie aber in jenen Ursachen selbst nicht schon enthalten sind"[3]. Mit diesem Wachstumsprinzip im Einklang steht ein an anderer Stelle formuliertes „Gesetz der Heterogonie der Zwecke"[4]. Zur Veranschaulichung dessen, was er unter jenem Prinzip versteht, erwähnt Wundt die Unmöglichkeit, die Entstehung eines poetischen Werkes völlig zureichend „aus den Bedingungen zu erklären, unter denen der Dichter lebt, denkt und sich entwickelt hat"[5]. Offenbar bringt sich in der Konzeption des Ganzen ein den seelischen Einzelinhalten überlegenes und sie gestaltendes Moment schöpferischer Energie zur Geltung. Aus dem Bereich des eigentlichen Willenslebens findet sich kein Beispiel für unser Wachstumsprinzip bei Wundt. Man könnte vielleicht an die Wandlungen denken, denen wir das Handeln in Gemässheit der ethischen Norm so vielfach unterworfen sehen. Anfänglich mag die Befolgung des Pflichtgebots aus Erwägungen fliessen, die dahin gehen, ein Handeln in diesem Sinne entspreche schliesslich doch am besten dem eignen

---

[1] Phys. Psych. 577.
[2] 579.
[3] Ethik 464.
[4] 266.
[5] 464.

Nutzen des Individuums. Allmählich aber bildet sich eine Beurteilung jener Pflichtvorstellungen lediglich in Hinsicht ihres Selbstwertes aus; und diesen Wechsel der Bewertung bekundet das Individuum in der grösseren Energie, mit der es die ethische Norm auch stärksten ablenkenden Motiven gegenüber und ohne Rücksicht auf das selbstische Interesse zur Geltung bringt.

Auf den ersten Blick hin wird man durchaus geneigt sein, in diesem Wundtschen Prinzip des Wachstums der geistigen Energie eine äusserst glückliche Lösung des alten Streites um die Willensfreiheit zu erblicken. Die schwerwiegenden Argumente des Determinismus scheinen in vollem Umfang zur Geltung zu kommen; und doch wird dabei dem unvertilgbaren Gefühl unserer inneren Spontaneität und Lebendigkeit ein bedeutendes Zugeständnis gemacht. Sympathisch berührt es ferner einen Jeden, der einigermassen in der Anschauung der geschichtlichen Welt und ihrer Helden lebt, dass mit der Aufstellung dieses Wachstumsprinzips offen zugegeben wird, es werde für alle Zeiten unmöglich sein, den Genius aus den Einwirkungen der Umgebung restlos zu „erklären". In der Tat muss dieses Zugeständnis gerade dem in erster Linie von den Naturwissenschaften herkommenden Philosophen um so höher angerechnet werden. Indessen drängen sich doch bei näherem Zusehen einige Bedenken auf, ob die Fassung des Wachstumsprinzips wirklich klar und eindeutig bestimmt ist, und fernerhin, ob es sich überhaupt mit den Grundlagen des Wundt'schen Philosophierens verträgt.

5. Uns will es nämlich scheinen, als ob die Wundt'sche Formulierung eine zwiefache Auffassung des Prinzips möglich mache, je nachdem wir Nachdruck legen auf die Fassung des Ganzen als eines Gesetzes oder auf das Wort Energie. Im ersteren Falle läge die Ansicht nahe, das zu der Summe der seelischen Einzelinhalte hinzutretende Plus sei, wenn auch nicht in jenen begründet, so doch,

was sein Auftreten überhaupt und dessen jeweilige Intensität anlangt, irgendwie notwendig bedingt, etwa in einer von jenen Inhalten getrennt zu denkenden ererbten Anlage. Das von Wundt angeführte Beispiel bezüglich der Konzeption eines dichterischen Werkes wäre zur Not mit dieser Auffassung verträglich. Sie böte ausserdem den Vorteil, dass die vorher erwähnten unzweideutigen Erklärungen unseres Philosophen für den Determinismus dabei vollauf bestehen könnten. Die notwendige Bedingtheit eines jeden Willensentschlusses bliebe unangetastet; nur die Möglichkeit einer Vorausberechnung der zukünftigen Handlung auch bei vollständiger Kenntnis aller Einzelmomente des betreffenden Willenslebens wäre ausgeschlossen, eben weil sich das hinzutretende Plus seiner bisherigen Latenz im innersten Wesen des Individuums wegen naturgemäss der Kenntnis entzöge. Bei dieser Auffassung bliebe also die innere Konsequenz und Einheitlichkeit der Wundtschen Willenstheorie gewahrt. Aber — ein derartig vorgestelltes Plus verdiente nichts weniger als den Namen der „schöpferischen Energie", den ihm doch Wundt selbst einmal beilegt, geschweige denn den der Spontaneität.

6. Auf der anderen Seite könnten wir uns auf die Bezeichnung des Ganzen als eines Prinzips der Energie stützen und demzufolge in unserm Plus ein Moment wirklicher Spontaneität erblicken, ein Moment also, dessen Einsetzen vollauf in unserer Macht stünde. Diese Auffassung schiene namentlich dann gefordert, wenn wir dem Wachstumsprinzip irgend welche Bedeutung für das sittliche Leben zusprechen wollten. Indessen hätte diese Deutung unweigerlich zur Folge, dass der strenge, Notwendigkeit heischende Determinismus wenigstens in bestimmten Einzelfällen durchbrochen wäre.

7. So lässt die Fassung des Wachstumsprinzips bei Wundt eine verschiedenfache nähere Auslegung zu. Aber noch ein anderes, schwerer wiegendes Bedenken richtet

sich überhaupt gegen die Möglichkeit eines solchen zu den seelischen Einzelinhalten hinzutretenden Plus, in welcher Ausprägung wir immer es denken mögen, — wenn anders die Grundauffassung Wundts vom Seelischen dabei in unerschütterter Geltung bleiben soll. Die reine Apperzeption oder innere Willenstätigkeit ist nach unserem Philosophen das unableitbare Vermögen, die in uns aufsteigenden Vorstellungen, Triebe und Gefühlsinhalte zu tragen und dem Bewusstsein gegenwärtig zu halten. Ist dies aber einmal geschehen, dann wird die weitere innere Wirksamkeit an jene Einzelinhalte gewissermassen abgetreten. Das Bewusstsein ist weiter nichts als der Schauplatz des nun einsetzenden Spieles der Motive, in keiner Weise etwa eine von den Einzelinhalten abtrennbare oder gar sie beherrschende Kraft. Ist aber dieser Tatbestand zutreffend und erschöpfend, — dann ist schlechterdings nicht abzusehen, wieso ein Plus geistiger Energie in irgend einer Form möglich sein solle.

So können wir den Wundtschen Vermittelungsversuch doch nicht als eine in jeder Beziehung befriedigende Lösung der Schwierigkeiten unseres Problems ansehen. Sollen die Grundlagen seines Denkens bestehen bleiben, so sehen wir keine andere Möglichkeit, als das Wachstumsprinzip preiszugeben und zu dem Standpunkt des strengen Determinismus zurückzukehren.

Indessen bleibt uns noch ein Ausweg, um dieser Konsequenz zu entgehen. Was wir suchten, war eine Rechtfertigung des unvertilgbar in uns lebenden Spontaneitätsbewusstseins auf Grund einer Neuprüfung der Begriffe Substanz und Kausalität in ihrem Verhältnis zum Seelischen. Zu Wundt führte uns die Beobachtung, dass er eine solche Neuprüfung vorgenommen hat. Schien uns nun die Behandlung, die unser Thema bei diesem Philosophen gefunden hat, schliesslich doch nicht eigentlich auf neue Resultate hinsichtlich des Problems der Willensfreiheit hinauszulaufen, so wäre es immerhin noch denkbar, dass eine von anderweitigen Grundlagen ausgehende Kritik des Substanz- und Kausalitätsbegriffes auch zu einer Rettung des Spontanitätsbewusstseins das ihrige beiträgt.

Wir finden, was wir andeuteten, in der kritischen „Selbstbesinnung" Diltheys, der wir uns nunmehr zuwenden.

Zweites Kapitel: Die Diltheysche Selbstbesinnung.

1. Die bei Dilthey vorliegende Kritik der Begriffe Substanz und Kausalität kann nur im Zusammenhang seiner völlig eigenartigen Erkenntnistheorie richtig verstanden und gewürdigt werden. Es erwächst uns also die Aufgabe, die Grundzüge dieser neuen Erkenntnistheorie in Kürze vorzuführen. Solches Bemühen aber hat mit der eigentümlichen Schwierigkeit zu kämpfen, dass eine übersichtliche systematische Vereinigung der Elemente seiner Erkenntnislehre bei Dilthey selbst nicht vorliegt. So sind wir genötigt, aus den hier einschlägigen Schriften unseres Philosophen diese Elemente herauszuschälen und ziemlich selbständig systematischen Zusammenhang zwischen ihnen herzustellen. Für solches Vorhaben kommt in erster Linie das Hauptwerk Diltheys, die „Einleitung in die Geisteswissenschaften[1])" in Betracht, wo naturgemäss der eigne Standpunkt des Verfassers nur implicite in der Art und Weise gegeben ist, wie er geschichtlichen Gebilden des philosophischen Denkens gerecht wird. Des weiteren müssen wir uns halten an die beiden Abhandlungen aus den Sitzungsberichten der Berliner Akademie[1]), die gewissermassen als Ersatz für den ausgebliebenen zweiten Band der Einleitung gelten können: „Beiträge zur Lösung der Frage vom Ursprung unseres Glaubens an die Realität der Aussenwelt und seinem Recht", sowie „Ideen über eine beschreibende und zergliedernde Psychologie". — Diese

---

[1]) Vgl. S. VII.

Schwierigkeit des Vorhabens rechtfertigt unsere Bitte um Nachsicht.

Vielleicht kann folgende Betrachtung am besten in die Gedankengänge Diltheys einführen. Seit Kants umwälzender Leistung wird jede wissenschaftliche Erkenntnistheorie den sogenannten **Satz der Phänomenalität** an die Spitze stellen, den Satz, wonach „alles, was für mich da ist, unter der allgemeinsten Bedingung steht, Tatsache meines Bewusstseins zu sein" [1]. Innerhalb dieses unanfechtbaren Tatbestandes, wonach die Welt zunächst unserm Bewusstsein immanent ist, lässt sich nun folgende Scheidung der Elemente vornehmen: Wir können die konkreten sinnlichen Einzeldata, die uns wie von aussen gegeben sind, abtrennen von demjenigen, was sich uns als Zutat des eignen Innern, als ein Bearbeiten und Formen jener Inhalte darstellt. Man hat nun in der geschichtlichen Entwickelung der Erkenntnistheorie bald in jener, bald in dieser Bewusstseinstatsache das Wesentliche des Erkenntnisprozesses feststellen wollen. Demzufolge scheiden sich die beiden Hauptrichtungen der Erkenntnistheorie, **Empirismus** und **Apriorismus**. Der erstgenannte Standpunkt, der seine bezeichnendste Ausprägung wohl in der „mental Chemistry" des James Mill erhalten hat, will die logischen Prozesse als eine Art Nebeneffekt der sinnlichen Einzeldata auffassen und bestreitet ihnen jede selbständige Bedeutung. Demgegenüber betont der Apriorismus, eine solche Leistung könne unmöglich den Erfahrungsinhalten selbst zukommen. Er konstruiert daher ein von aller Erfahrung unabhängiges „erkennendes Subjekt", dessen Formen und Begriffe den gänzlich chaotischen Sinnengehalt gewissermassen einfassen und dergestalt auf die Stufe der Erkenntnis erheben.

2. Nun lässt sich der eigenartige Standpunkt Diltheys

---

[1] Real. 977.

als eine Art **Mittelstellung** zwischen Empirismus und Apriorismus bezeichnen. Er erkennt die Unhaltbarkeit der Grundannahme des ersteren, wonach die sinnlichen Einzeldata von selbst das leisten sollen, was doch nur dadurch möglich ist, dass sie unter einer Einheit begriffen und zusammengehalten werden. So müssen als unableitbar gelten alle die lebendigen Funktionen des Bewusstseins, die sich darstellen als ein Gleichsetzen und Unterscheiden innerhalb einer übergreifenden Einheit, die „primären logischen Operationen" [1]. Auf der andern Seite aber vermeidet es Dilthey, in der Weise des Apriorismus durch Abstraktion von dem übrigen Inhalt des Bewusstseins ein mit festen Kategorieen und Begriffen ausgestattetes lediglich erkennendes Subjekt zu konstruieren, in dessen Adern „nicht wirkliches Blut rinnt, sondern nur der verdünnte Saft von Vernunft als blosser Denktätigkeit" [2]. Für diese Unterlassung kann man aus dem ganzen Zusammmenhang des Diltheyschen Denkens zwei Erwägungen als ausschlaggebend anführen.

Zum ersten scheint es doch, als ob jenen starren Kategorieen und Begriffen nicht dieselbe Ursprünglichkeit zukomme wie den lebendigen logischen Operationen. Diese werden von den ersten Momenten des erwachten Bewusstseins an ausgeübt, sie sind in dem „weiten und unermesslich fruchtbaren Gebiet des schweigenden Denkens" [3] genau ebenso enthalten wie im diskursiven. Dagegen stellen sich doch die formalen Kategorieen, wie die der Quantität und Qualität, am besten dar als nachträgliche Abstraktionen [4]. Für ihr Zustandekommen sind allerdings die primären logischen Funktionen unerlässlich. Aber das Gleiche könnten doch auch die konkreten, sinnlichen Einzel-

---

[1] Psych. 1319.
[2] Einl. Vorrede XVII.
[3] Psych. 1319.
[4] 1319.

inhalte, an denen jene Operationen sich vollzogen, für sich in Anspruch nehmen. Es erscheint also unangemessen, den formalen Kategorieen denselben Grad von Apriorität zuzusprechen wie den logischen Funktionen.

Dazu gesellt sich ein zweites, schwerer wiegendes Bedenken gegen das Konstruieren eines erkennenden Subjekts rein als solchen — und damit gelangen wir zu unserm eigentlichen Thema zurück —: Gerade die allerwichtigsten Kategorieen, Substanz und Kausalität, wollen sich nicht begreiflich machen lassen, wenn man sie von der gesamten Inhaltlichkeit des Bewusstseins abtrennt und als lediglich dem Vorstellungsvermögen angehörige Formen fasst. Der Substanzbegriff verlangt eine der Mannigfaltigkeit zu Grunde liegende Einheit. Aber schon angesichts der Dingvorstellung, deren „wissenschaftliche Bearbeitung"[1] dieser Begriff bildet, ist es klar, dass eine solche Einheit, der verschiedene Eigenschaften und Zustände inhärieren, von diesen letzteren nicht vorstellungsmässig abgetrennt werden kann[2]. Was uns im Ding gegeben ist, ist doch nichts anderes als Koexistenz von Einzelvorstellungen. Nichtsdestoweniger liegt in der Dinglichkeit das Gefühl einer Einheit, einer inneren Zusammengehörigkeit der Vorstellungen. So wenig nun wie die innere Einheit, die der Substanzbegriff verlangt, ist uns das innere Band, das unser Kausalitätsbewusstsein zwischen den Vorstellungen knüpft, irgendwie vorstellungsmässig gegeben. Vielmehr liegt doch als unmittelbarer Befund nichts anderes vor als blosse Sukzession dieser Vorstellungen. Trotzdem bildet das Bewusstsein eines inneren Zusammenhangs der Phänomene, eines Bewirktwerdens des folgenden durch das vorhergehende geradezu den Nerv der Kausalitätsvorstellung.

---

[1] Einl. 508.
[2] 507.

3. Dieser eigentümliche Tatbestand, wonach offenbar in den Begriffen Substanz und Kausalität etwas enthalten ist, was ihnen als Formen lediglich der Vorstellungstätigkeit als solcher nicht zukommen könnte, kann nur aufgeklärt werden durch „kritische Selbstbesinnung", die auf die „Totalität des Seelenlebens" zurückgeht. Mit dem letzt genannten Ausdruck bezeichnet Dilthey die Tatsache der inneren Erfahrung, dass wir auf die äusseren Eindrücke nicht nur vorstellungsmässig reagieren, dass sie vielmehr auch Triebe, Gefühle und Willenshandlungen in uns auslösen. „Die Verbindung der so verschiedenen Vorgänge des Vorstellens, Fühlens und Wollens zu einem Zusammenhang macht die Struktur des Seelenlebens aus", und zwar ist dieser Zusammenhang primär als Erlebnis gegeben, nicht etwa erschlossen [1]. „In Vorstellungen liegt kein zureichender Grund, überzugehen in Gefühle; in Gefühlen liegt kein zureichender Grund, sich umzusetzen in Willensprozesse [2]". Triebe und Gefühle sind im frühen Kindesalter die vorherrschenden Elemente dieses seelischen Strukturzusammenhangs. In ihm treten Impulse zu Bewegungen auf; damit verbindet sich die Erfahrung des Widerstandes der Umgebung [3], hervorgerufen durch die „Hemmung der Intention" [4], während die letztere dabei fortbesteht. In solchen Erfahrungen entwickelt sich die Trennung des Eigenlebens von einem Unabhängigen [5]. Ferner stossen nicht nur die Betätigungen unseres Willens in äusseren Handlungen auf eine von uns unabhängige, kernhafte Realität; auch unser Gefühlsleben macht die Erfahrung, dass die Eindrücke beharren und sich ändern ohne

---

[1] Psych. 1376. 1380.
[2] 1383.
[3] Real. 988.
[4] 989.
[5] 988.

Rücksicht auf Lust und Schmerz¹), die wir ihnen entgegen bringen, auf unsern Wunsch, sie zu erhalten, zu verschieben, zu entfernen. So scheidet sich von unserm Selbst eine in Beharren und Veränderung ihrer Elemente von unseren Willensregungen völlig unabhängige Aussenwelt; und doch ist dieselbe Welt für unser blosses Vorstellen immer nur Phänomen, dem Bewusstsein immanent. Daraus erwuchs das Bedürfnis unseres Denkens, die Unabhängigkeit, welche die Objekte in Beharren und Veränderung bezeigten, vorstellungsmässig zu erfassen. Hierin liegt der Ursprung der Begriffe Substanz und Kausalität. Sie sind also „in den Erfahrungen des Willens gegründet"²), Schöpfungen nicht des Verstandes allein, sondern der Totalität unserer Seelenkräfte³). Dieser Tatbestand aber hat zur Folge, dass der Inhalt dieser Begriffe, wie er nicht allein auf der Tätigkeit des Vorstellens und Denkens beruht, auch nicht gedankenmässig klar herausgestellt werden kann; es bleibt ein „unauflöslicher Kern" in ihnen zurück. Denn „was in der Totalität der Gemütskräfte gegeben ist, das kann nie von der Intelligenz ganz aufgeklärt werden"⁴). Dieser Satz ist wohl der bezeichnendste für die Eigenart des Diltheyschen Denkens.

4. Den Ergebnissen der eben vorgeführten psychologisch-genetischen Analyse entspricht nun in Diltheys Hauptwerk der gross angelegte Nachweis, dass die Begriffe Substanz und Kausalität eben wegen ihres Begründetseins in der Totalität des Seelenlebens, und zumeist in einem Erlebnis des Willens während des ganzen Verlaufs der geschichtlichen Entwickelung des Denkens sich als unvermögend erwiesen haben, den metaphysischen Kern

---

¹) Einl. 469.
²) Real. 1014.
³) 1012.
⁴) Einl. 510. 511.

der Welt gedankenmässig klar zu erschliessen. Zugleich wird hierbei offenbar, wie ausserordentlich Mannigfaltiges man im Verlauf dieser Entwickelung unter Substanz und Kausalität vorgestellt hat. Hierin unterscheiden sich diese Kategorieen auf das einleuchtendste von anderen Formen des Denkens, wie Gleichheit und Ungleichheit, Einheit und Vielheit, Ganzes und Teil, über deren inhaltliche Deutung zu allen Zeiten und Orten keine Meinungsverschiedenheit bestand. Wir erläutern die Unmöglichkeit, an der Hand der Begriffe Substanz und Kausalität zu dem Kern der Welt vorzudringen, durch einen Rückblick auf die mythische Anfangsstufe der Menschheit, auf das als bedeutendste Frucht des antiken Denkens erwachsene und das Mittelalter beherrschende System des Aristoteles, schliesslich auf die Bemühungen der neuzeitlichen Naturwissenschaft.

Der in beständigem Erlebnis gegründete Tatbestand, dass die äussere Natur unabhängig von unserm Willen besteht, findet Jahrhunderte lang seinen vorstellungsmässigen Ausdruck in der Überzeugung, die Dinge seien uns unmittelbar und wie sie an sich seien in der Wahrnehmung gegeben. Erst Kant hat ja durch die Begründung der Phänomenalität der Welt diesen „naiven Realismus" endgültig überwunden. Mit besonderer Deutlichkeit tritt der Zusammenhang, in dem das Bewusstsein der Selbständigkeit der Aussenwelt zu unserm Willensleben steht, in dem Zeitraum des **mythischen Vorstellens** zu Tage. Die Natur ist für den Menschen dieser Stufe ein Inbegriff zusammenhangslos wirkender Gewalten, von denen er sein Leben abhängig weiss. Das Schaffen dieser Mächte findet nun die dem natürlichen Menschen zu nächst liegende Deutung: Durch eine phantasievolle Übertragung der eignen inneren Lebendigkeit auf die Naturgewalten werden diese zu mehr oder weniger persönlich gedachten Willensmächten. So sehen wir hier als Zusammenhang von Ursache und Wirkung eine „freie Lebendigkeit und seelische Kraft" angenommen, welche in unsern Deutungen derselben Naturvorgänge durchaus nicht mehr enthalten ist [1]).

Auf der Stufe des erwachten philosophischen Sinnes beginnt der griechische Geist die ersten Versuche, vorstellungs- und gedankenmässig in das Wesen dieser dem Bewusstsein selbständig gegenüber stehenden Welt einzudringen. Dem Gefühl eines unveränderlich festen, beharrenden Seins als einziger Realität sucht ein Parmenides mit „unentwickeltem Tiefsinn" [2]) Ausdruck zu geben; dem gegenüber fusst ein Heraklit auf dem Bewusstsein des ewigen, unablässigen Wechsels aller Dinge. Beides sind Einseitigkeiten, in ihrer Ausschliesslichkeit unfähig, dem Ganzen der Welt gerecht zu werden. Endlich ist folgendes der Tatbestand, den der gewaltigste Geist der Epoche, Aristoteles, gedankenmässig zu bewältigen und einheitlich zu begründen sucht: In den Sinnen gegeben eine unendliche Mannigfaltigkeit von Einzeldingen, nicht ruhend, sondern in beständiger Veränderung; und diese Veränderung nicht planlos erfolgend, sondern in der Weise, dass unser Verstand befähigt ist, zumal in demjenigen Teil der Natur, den wir heute organisch nennen, eine Anzahl fester, gleichbleibender, sich immer von neuem verwirklichender Formen zu erkennen. So scheiden sich im Geiste des Aristoteles jene konkreten, sinnlichen Elemente, das Substrat der Veränderungen, von dieser Kraft, die zugleich bewegende Ursache und einheitlich — zweckvolle Gestaltung ist, — Materie und substantiale Form [3]). Vergebens ringt Aristoteles, beide Momente zur Deckung zu bringen. Sie lassen sich nicht vereinigen oder auf ein noch tiefer liegendes Einheitliches zurückführen. Beide können in gleicher Weise beanspruchen, als wesenhafter Kern der

---

[1]) Einl. 510.
[2]) Einl. 195.
[3]) Einl. 261.

Welt angesehen zu werden. Jedes Weltbild aber, das eines von ihnen glaubt entbehren zu können, ist kein adäquater Ausdruck der Wirklichkeit.

Diese Schwierigkeiten ziehen sich unausgeglichen durch die ganze Weiterentwicklung der Metaphysik. Mit Kant tritt dann die entscheidende Wendung ein, dass die Phänomenalität der Welt für unsere Vorstellungstätigkeit erwiesen, der naive Realismus überwunden wird. Die Denkmittel der Metaphysik, durch die sie den dem beharrenden Sein und der Veränderung zu Grunde liegenden Kern der Welt glaubte erfassen zu können, Substanz und Kausalität, werden von ihm nur innerhalb der Schranken der Phänomenalität zugelassen. Aber dennoch ringt der Erkenntnistrieb, auch des „Dinges an sich" habhaft zu werden. Die — im Willenserlebnis also **innerhalb** des Bewusstseins — begründete Unabhängigkeit der Aussenwelt wird als **Bewusstseinsjenseitigkeit** gedeutet. Die **naturwissenschaftliche Forschung** der Neuzeit bemüht sich, zu den hinter der Phänomenalität stehenden letzten Bestandteilen des Seins vorzudringen durch fortgesetzte Zerteilung des in den Sinnen Gegebenen. Aber der Begriff des Atoms, zu dem man so gelangt, ist in sich widerspruchsvoll. Denkt man ihn durch den höchsten Grad von Verkleinerung des Sinnlichen erreicht, dann bliebe ihm immer noch das Merkmal der Räumlichkeit; er wäre kein Unteilbares, mithin kein Letztes. Spricht man ihm aber die Eigenschaft der Unteilbarkeit zu, also die Räumlichkeit ab, dann ist niemals einzusehen, wieso durch Summierung von noch soviel Atomen ein Raum Erfüllendes, ein Ding mit sinnlichen Qualitäten entstehen sollte[1]. Dazu tritt eine weitere Schwierigkeit: Es ist nicht zu verstehen, wieso diese Massenteilchen von sich aus dazu kommen sollten, sich zu bewegen und aufeinander zu wirken in der Weise,

---

[1] Einl. 507.

dass wir ein System von Gleichförmigkeiten in der Natur erkennen. Keine Brücke führt von dem Atom hinüber zum Naturgesetz. Und in beiden Momenten kehrt unausgeglichen der Gegensatz wieder, der schon die aristotelische Metaphysik beherrschte. „Das Naturgesetz korrespondiert der substantialen Form, das Massenteilchen der Materie" [1]).

5. So ist alle Gedankenarbeit an der Hand der Begriffe Substanz und Kausalität unvermögend gewesen und wird es auch in Zukunft sein, uns metaphysisch die Einheitlichkeit der Welt zu erschliessen [2]). Ein Anderes aber, das dieses Unerreichbare vollauf ersetzen kann, ist die bewunderungswürdige Leistung, die die neuzeitliche Naturwissenschaft mit Hilfe jener Denkmittel erbracht hat. Ihr zufolge können wir die Vorgänge in der Natur in einen uns verständlichen Zusammenhang bringen, der uns ermöglicht, kommende Erfahrungen vorauszusehen und dergestalt die Natur zu beherrschen. Umfassende und exakte Beobachtung der Erfahrungen hat uns gelehrt: wir können die Vorgänge in der Natur nur dadurch verstehen, dass wir einen „Zusammenhang von Denknotwendigkeit in ihr aufsuchen [3])." Wir erkannten, dass, wo immer ein Geschehen, eine Veränderung sich vollzieht, eine Ursache, ein Bewirkendes vorausgeht; und exakte Messung und Berechnung ermöglichte uns, jenes Gesetz aufzustellen, das Wundt als „quantitative Äquivalenz zwischen Ursache und Wirkung" bezeichnet. So sind wir dahin gelangt, dass wir alle Veränderungen in der Natur auffassen als **das notwendige Ergebnis quantitativ bestimmbarer Momente und Faktoren. Es ist dies der Satz der Kausalität in seiner strengen Form,** wie er für alles Naturgeschehen gilt. Diesem Gedankenzusammen-

---

[1]) Einl. 472.
[2]) Einl. 513.
[3]) Einl. 499.

hang fügt sich harmonisch ein das Ergebnis, zu dem Sigwart bei seiner Kritik des Kausalitätsbegriffs gelangt ist. Von der Einsicht ausgehend, dass es doch schliesslich unser **Wille** ist, der alles Denken und Erkennen trägt, gelangt er zu einer eigenartigen Auffassung des Kausalitätsprinzips, wonach es „nicht ein Grundsatz des reinen Verstandes im Sinne eines synthetischen Urteils a priori ist, sondern ein **Postulat des Strebens nach vollkommener Erkenntnis**[1].“ — Der Wille zur Erkenntnis, wie er in der Arbeit der Naturwissenschaft sich betätigt, hat es geschaffen.

6. Nach all diesen ausführlichen, aber im Interesse der Sache gebotenen Erörterungen kehren wir zu unserm Ausgangspunkt, zu der Frage zurück: Wie steht es mit der Anwendbarkeit der Begriffe Substanz und Kausalität auf das Seelische? Indem wir uns die durch psychologische Analyse und geschichtlichen Rückblick bestätigten Ergebnisse der Diltheyschen Selbstbesinnung ins Gedächtnis zurückrufen, müssen wir sagen: Jene Begriffe haben ihre Wurzel in der Totalität der Seelenkräfte, in letzter Instanz in einem Erlebnis des Willens angesichts des Widerstandes der Aussendinge. Sonach ist es einleuchtend, dass sie nicht ohne weiteres rückwärts auf das Seelische übertragen werden dürfen, dem sie ihre Entstehung verdanken. Der Substanzbegriff ist ein geschichtlich entstandener, vorstellungsmässiger Ausdruck für das Feste und Widerstehende, das die Aussenwelt unserm seelischen Zusammenhang darbietet. Diesem Sachverhalt zufolge können wir nicht umhin, ungeachtet der Tatsache, dass die Welt für unser Vorstellen blosses Phänomen ist, den Erscheinungen ein festes Substrat, eine **Substanz** zu Grunde zu legen, die sich unserer Kenntnis entzieht. Und nun fragen wir: Kann dieser für das Verständnis der Natur wohl begrün-

---

[1] Logik. Band II. 2. Auflage. Freiburg 1893. S. 22.

dete Begriff irgend welche Anwendung finden auf das Seelische? Hier ist alles primär als lebendige Erfahrung gegeben[1]), wir treffen nirgends auf ein zu Grunde liegendes Festes, das nicht direkt erfasst werden könnte. So kann unsere Frage nur auf das entschiedenste verneint werden.

7. Die gleiche Herkunft wie der Begriff der Substanz hat derjenige der Kausalität. Er bezeichnet vorstellungsmässig den Tatbestand, wonach die Veränderung, das Geschehen in der Natur genau so unabhängig von unserm Willen ist wie das ruhende Sein. Das innere Band, die von einem zum andern Zustand wirkende Kraft ist in unserer Vorstellung, die nur zusammenhangslose Sukzession der Phänomene besitzt, nicht enthalten; demnach muss sie in dem ausser uns sich vollziehenden Vorgang gesucht werden. In dem Zwiespalt zwischen dem Befund hinsichtlich des Verhältnisses des Aussengeschehens zu unserm Willen auf der einen, und dem tatsächlichen Inhalt unseres Vorstellens auf der anderen Seite liegt der Anreiz zu allen Bemühungen, dem inneren Verhältnis der Naturvorgänge einen vorstellungsmässigen Ausdruck zu geben, also zur Ausbildung des Kausalitätsbegriffs. Die in dem Naturvorgang wirkende Kraft entzieht sich nun aber genau wie das Substantielle unserer unmittelbaren Erfassung. Nach den vergeblichen Bemühungen der Metaphysik, ihrer habhaft zu werden, begnügen wir uns mit folgender Erkenntnis: Die Natur gestattet uns, die Vorgänge und Veränderungen in ihr dadurch zu begreifen dass wir einen denknotwendigen Zusammenhang auf sie übertragen. Dies ermöglicht uns, sie zu beherrschen. Als ein Postulat unseres Willens zur Naturerkenntnis gilt uns sonach der strenge Satz der Kausalität.

So gelangen wir zu dem Ergebnis: **Das Kausalitätsbewusstsein ist begründet in einem Erleb-**

---

[1]) Psych. 1340 f.

nis des Willens; und der Wille zur Erkenntnis hat ihm eine den Anforderungen der Natur entsprechende Ausprägung gegeben in dem strengen Satz der Kausalität.

Auch hier ist eines ohne weiteres einleuchtend: Der Kausalitätsbegriff, der mit seinen Wurzeln in den Willen hinabreicht und seine bestimmte Formulierung für das Naturerkennen vom Willen zu Lehen trägt, kann nicht in dieser seiner Ausprägung schlechthin auf das Seelische angewandt werden. Indessen eröffnen sich hier besondere Schwierigkeiten, die es uns unmöglich machen, den Begriff der Kausalität wie den der Substanz einfach aus dem Gebiet des Seelischen zu verweisen. Unerlässlich scheint eine sorgfältige Analyse des Willenslebens, die wir nunmehr in Angriff nehmen.

Drittes Kapitel: Analyse des Willenslebens.

1. Die Anwendung des Kausalitätsbegriffs hat nach allem Gesagten das Verständnis eines Geschehens, einer Veränderung in der Natur zum Ziel. An die Spitze unserer neuen Untersuchung stellen wir nun den Satz: Auch in unserm Innen-, in unserm Willensleben nehmen wir Veränderung und Geschehen wahr. Freilich müssen wir diese Analogie gleich hier in einem wichtigen Punkte modifizieren. Alles Naturgeschehen vollzieht sich in der Weise, dass uns der Zusammenhang der Phänomene nicht unmittelbar gegeben ist, sondern in Gestalt von Denknotwendigkeit von uns darauf übertragen wird. Anders verhält es sich offenbar mit dem Innengeschehen. Dass der Anblick eines Glases Wasser uns ein Durstgefühl zum Bewusstsein bringt, wir den Entschluss fassen, es zu trinken, und demzufolge unsere Glieder zur Ausführung des Zweckes in Bewegung setzen, — dieser Zusammenhang wird uns nicht erst dadurch verständlich, dass wir zwischen den Einzelmomenten denknotwendige Verbindung herstellen. Vielmehr **erleben**

wir ihn vor allem Erkennen; in einem Erlebniszusammenhang sind alle Glieder des Vorgangs dem beherrschenden Zweck der Triebbefriedigung eingeordnet. Dies gilt natürlich mutatis mutandis von allem Willensgeschehen.

Im übrigen aber scheint die Analogie zwischen diesem und dem Naturgeschehen stärker zu sein. Vor allen Dingen kommt offenbar den Einzelmomenten auch des Willensgeschens — wenigstens in gewissem Grade — die Eigenschaft zu, die wir als das charakteristische Merkmal aller Vorgänge in der Natur erkannten: Sie treten auf und lösen einander aus **ohne unser Zutun**, also **unabhängig von uns**. So war es bei der einfachen Triebhandlung, die wir eben betrachteten: Zufällig fiel uns das Glas in's Auge, ungewollt trat das Durstgefühl in unser Bewusstsein, von selbst folgte dem der Entschluss und die Ausführung der Handlung. Von derselben psychischen Struktur ist auch unser Verhalten in komplizierteren Fällen, wo verschiedene Handlungsmöglichkeiten sich darbieten. So in allen den Lagen, wo eine einfache Beziehung auf unser Gefühlsinteresse ohne unser Zutun den Ausschlag gibt. Ganz wie von selbst ziehen wir bei einer Wahl zwischen verschiedenen Speisen die uns am meisten zusagende vor, wandeln wir an einem heissen Tage auf der Landstrasse im Schatten der Bäume, wählen wir an einem Aussichtspunkt zum Sitzen den Platz, der den schönsten Blick gewährt. In anderen Fällen ist es eine einfache Beziehung auf Zweckmässigkeit, was ohne weiteres die Wahl bestimmt. Wie selbstverständlich, ohne besondere Überlegung wählen wir im Falle einer geschäftlichen Besorgung den kürzesten Weg zum Ziel, teilen wir die Arbeit eines Tages in Rücksicht auf die verfügbare Zeit ein. Ferner macht sich die Vergangenheit des Willenslebens in der mannigfaltigsten Weise ohne unser Zutun geltend. Rein mechanisch laufen die ehemals eingelernten und nun zu fester Gewöhnung gewordenen Bewegungsvorgänge ab, so ausser den elementaren des Gehens, der Lautbildung beim Sprechen z. B. auch die Ausübung der gesellschaftlichen Formen. Dauernde Dispositionen und Willensrichtungen des Individuums wirken, ohne ausdrücklich ins Bewusstsein zu treten; so, wenn der Abstinenzler oder der Feind des Tabaks die Aufforderung zu Trinken oder Rauchen ausschlägt, wenn der ästhetisch empfindende Mensch sich von einer ekelerregenden Szene abwendet. In anderen Fällen steigen Einzelmomente von bestimmter inhaltlicher Beschaffenheit aus der Vergangenheit des Willenslebens im Bewusstsein auf und machen sich im Motivationsprozess geltend. Hier stossen wir auf die bedeutungsvolle Tatsache eines seelischen Mechanismus, demzufolge sich nach bestimmten Assoziationsgesetzen an das Auftauchen gewisser Vorstellungen anderweitige, in innerem oder äusserlichem Zusammenhang mit jenen stehende Vorstellungsinhalte ohne unser Zutun anschliessen. So kann es geschehen, dass im Falle eines Streites zwischen zwei aktuellen Motiven dem seelischen Mechanismus zufolge sich zu jedem der gegenteiligen Inhalte aus der Willensvergangenheit anderweitige Vorstellungen gesellen; und nun setzt das eigentümliche Spiel gegenseitiger Hemmung und Förderung ein, das wir den Motivationsprozess nennen. Treffend vergleicht Windelband[1]) diesen Vorgang mit einer „algebraischen Summe, in der die Motive, welche etwa für eine bestimmte Entscheidung sprechen und diejenigen, welche gegenteilig gerichtet sind, in ihrer Gesamtheit nach partieller gegenseitiger Aufhebung irgend eine Grösse von der einen oder der andern Modalität ergeben". Was wir hier berühren, liegt etwa vor im Falle eines Schwankens zwischen zwei verschiedenen, von uns schon früher besuchten Zielpunkten eines geplanten Ausflugs: Aus der Erinnerung steigen die in den mannigfaltigsten Umständen begründeten Annehm-

---

[1]) Über Willensfreiheit 69.

lichkeiten oder Unbequemlichkeiten beider Orte auf und spielen sich gegen einander aus, bis das entscheidende Motiv hervortritt. Das Bewusstsein, der Schauplatz solcher Verschmelzungsprozesse, betätigt sich hier lediglich ganz allgemein als die Fähigkeit, jene verschiedenen, dem Mechanismus zufolge aufgetretenen Inhalte neben einander zu besitzen und zu vergleichen.

2. In allen Fällen des Willenslebens, welche die eben geschilderte seelische Struktur aufweisen, ist es unverkennbar das stärkste Motiv, was den Entschluss bestimmt; oder vielmehr das die Wahl entscheidende Motiv erweist sich eben hierdurch — wir haben keinen andern Gradmesser bei psychischen Vorgängen — als das mächtigste [1]). Ist offenbar in solchen Fällen jegliche Willkür eines liberum arbitrium ausgeschlossen, so gilt dasselbe auch für diejenigen Beispiele des Willenslebens, angesichts deren man auf den ersten Blick geneigt ist, eine Willkürentscheidung anzunehmen.

Es handelt sich hier um solche Wahlentscheidungen, bei denen schlechterdings kein Motiv zu erkennen ist, das den Ausschlag hätte geben können. So etwa, wenn auf einem Spaziergang mein Weg mich plötzlich mitten vor ein rundes Rasenstück führt, oder wenn die Aufforderung an mich ergeht, eine beliebige dreiziffrige Zahl zu nennen. Hier hat nun Windelband überzeugend nachgewiesen, dass es sich tatsächlich nicht um eine freie Willkürentscheidung handelt, ob ich den Weg rechts oder links um das Rasenstück einschlage, bezw. welche bestimmte Zahl ich nenne, dass vielmehr hier, wo kein bestimmendes Motiv vorhanden ist, die Entscheidung einfach dem psychischen Mechanismus überlassen wird [2]). Nicht ein „aktives Bestimmen", sondern ein „passives Geschehenlassen" [3]) liegt vor. In anderen Fällen, wo sich die Gleichwertigkeit der Motive

---

[1]) Windelband a. a. O. 37 f.
[2]) a. a. O. 42 ff.
[3]) 45.

dem Bewusstsein direkt fühlbar macht, erregt dieser Tatbestand in uns nicht etwa das Lustgefühl einer Freiheitsentscheidung; im Gegenteil suchen wir uns dieser zu entziehen dadurch, dass wir in irgend einer Form das Los bestimmen lassen.

3. Sämtliche im vorigen namhaft gemachten Beispiele des Willenslebens haben, so mannigfaltig sie im einzelnen sind, eine gemeinsame Eigentümlichkeit. Abgesehen davon, dass der Übergang von einem Moment zum andern den Charakter des Erlebnisses hat, haftet für unsere Beurteilung diesen Fällen eine unverkennbare Analogie mit Vorgängen in der Natur an. Wie bei letzteren die Einzelmomente mit einem von uns unabhängigen, bestimmten Stärkegrad sich geltend machen, den unser Auffassungsvermögen eben hinnehmen muss, so treten auch bei den angegebenen Willensvorgängen die Motive ohne unser Zutun mit einer gewissen Intensität in unserm Bewusstsein auf. Den Einwirkungen der Naturkräfte auf einander entspricht das Wechselspiel der Motivation. Das Bewusstsein betätigt sich in beiden Fällen lediglich im Nebeneinanderbesitzen und Vergleichen der Einzelmomente. Wenn es nun auch Zusammenhang in einem Falle durch Übertragung von Denknotwendigkeit herstellt, im andern als Erlebnis besitzt, so ist doch zweifellos die Analogie hinlänglich genug, um die Anwendung der für das Naturgeschehen gültigen Kausalbetrachtung hier auch auf das Innengeschehen zu rechtfertigen. Es muss also zugegeben werden, dass hier von einem **notwendigen** Zustandekommen der Willensentschlüsse geredet werden kann.

4. Keinem Zweifel kann es ferner unterliegen, dass Willensentscheidungen von der eben geschilderten seelischen Struktur den breiten Untergrund unseres gesamten Willenslebens bilden. Es ist Tatsache: Da der Wille mit den Aussendingen seinerseits selbst durch ein Aussending in Konnex steht, nämlich durch den Körper, und vermöge

des mit diesem gesetzten Trieblebens in Verhältnisse zu den Dingen tritt, welche dem durch den Willen nach Erkenntnis bestimmten Bewusstsein selbst wieder durch nichts anderes erklärbar werden als durch Anwendung der Vorstellung von Kausalitätszusammenhang, so reicht dieser letztere eben für uns auch in die Betätigungen des Willens hinein. Wäre nun dies das einzige, was unsere Selbstbesinnung in Betreff des Willens in uns vorfände, so müsste der Determinismus als die Lösung unseres Problems angesehen werden. Dies aber — und das ist die entscheidende Tatsache, die unserer Meinung nach noch keine genügende Beachtung gefunden hat — verhält sich keineswegs so. Es gibt Fälle in unserem Willensleben, wo die Funktion des Bewusstseins über das blosse Aufnehmen und Vergleichen in ihm aufsteigender, fertiger Einzelmomente wesentlich hinausgeht, wo es eine Leistung dazu erbringt, die keinen andern Namen als den der Spontaneität verdient.

Aber unsere Untersuchung braucht dieses Wort nur zu nennen, um sofort einen Verdacht gegen sich wachzurufen, dem wir hier gleich an der Schwelle begegnen müssen. Man wird uns einwenden, hinter dieser Spontaneität verberge sich nichts anderes als das berüchtigte liberum arbitrium indifferentiae, dem wir doch selbst jede Berechtigung abgesprochen hätten. Diesem Vorwurf gegenüber können wir hier nur auf die späteren Ergebnisse unserer Untersuchung verweisen. Zunächst möchten wir unter Verzicht sowohl auf Voraussetzungen wie auf Deutungen gewisse seelische Tatbestände analysieren.

Angesichts der im vorigen geschilderten Motivationsprozesse verdiente die Leistung, die das Bewusstsein beisteuerte, nicht eigentlich den Namen der Aktivität. Obwohl es sich auch hier in seiner allgemeinsten Funktion als Vergleichen betätigte, liess es im übrigen das Auftreten und Assoziieren der Einzelmotive, somit den Gang des

Prozesses passiv geschehen; und passiv fügte es sich dem schliesslich hervortretenden stärksten Motiv. Nun gibt es aber offenbar Fälle in unserm Willensleben, wo ein derartig ungehemmter Ablauf der Motivation ohne unser Zutun eben nicht von statten geht. Wir finden uns in einem Zustand starker seelischer Ermüdung vor die Aufgabe gestellt, eine Entscheidung zu treffen, bei der es mannigfaltige Umstände zu berücksichtigen gilt. Der Motivationsprozess, der unter normalen Verhältnissen ziemlich von selbst abliefe, kann hier nicht eingeleitet und weitergeführt werden ohne Aufbietung einer gewissen Bewusstseinsenergie, welche die in dem seelischen Zustand der Ermüdung begründeten Widerstände durch Konzentration auf die in Betracht kommenden Momente überwindet. Das Gleiche gilt für den Fall des Vorherrschens anderweitiger innerer Zustände, die den Ablauf der Reflexion erschweren können, wie Krankheit, trübe oder ausgelassene Stimmung, momentane Affekte. Auch bei durchaus normaler Geistesverfassung des Individuums kann etwa Kürze der für die Entscheidung belassenen Zeit oder besondere Schwierigkeit und Verwickeltheit der in Betracht kommenden Umstände nur durch verstärktes Einsetzen einer gewissen Energie der Reflexionstätigkeit ausgeglichen bezw. überwunden werden.

5. In allen diesen Fällen wird nach Besiegung der Widerstände die verstandesgemässe Reflexion befähigt sein, die den Anforderungen der Lage am meisten entsprechende Verhaltungsweise herauszuarbeiten und dementsprechend das Handeln zu bestimmen. Die Reflexion geht lediglich auf Zweckmässigkeit. Nun gibt es aber eigenartige Verwickelungen unseres Willenslebens, in denen in letzter Linie nicht Erwägungen utilitarischer Natur den Ausschlag geben, wo es sich vielmehr darum handelt, ob unsern egoistischen Lustgefühlen oder einem eigentümlichen, in uns lebenden Wertbewusstsein nachgegeben werden soll.

Wir meinen natürlich den Fall eines Konfliktes zwischen unsern selbstischen Interessen und den Anforderungen des Pflichtgebots, der ethischen Norm. In solchen Lagen sehen wir vielfach die Reflexion eine Arbeit von eigenartiger inhaltlicher Beschaffenheit leisten. Natürlich muss sie auch hier das Für und Wider der Motive verstandesmässig klar überschauen. Darüber hinaus aber betätigt sie sich als **wertsetzend** dadurch, dass schliesslich sie die Entscheidung darüber zu fällen hat, ob den egoistischen Lustantrieben oder dem ethischen Wertbewusstsein der Sieg zufällt[1]). Es haftet eben in solchen Willenskonflikten nicht immer den in uns aufsteigenden Einzelmotiven schon von vorn herein ein festes Mass von Lustanreiz bezw. Wertbestimmtheit an. Vielmehr erhalten sie eine gewisse Intensität erst durch unsere Geneigtheit, der Versuchung nachzugeben, bezw. sie zu überwinden. Wir brauchen ferner dem Ablauf des Motivationsprozesses an der Hand des psychischen Mechanismus, der natürlich auch hier sich geltend macht, nicht einfach zuzusehen; wir besitzen vielmehr in umfassendstem Masse die Fähigkeit, die Motivationskraft der selbstischen wie der ethischen Einzelmomente zu erhöhen oder auch zu mindern. Wir vermögen durch das Einsetzen einer gewissen **Energie der Wertbeurteilung** das Pflichtgebot auch stärksten ablenkenden

---

[1]) Wentscher, mit dessen Ausführungen (Ethik, I. Teil. Leipzig 1902, S. 250 ff., 351 ff.) wir uns im übrigen vielfach berühren, fasst die Betätigungsweisen des Bewusstseins, die wir hier trennen, unter dem Namen „intellektuelle Reflexion" zusammen. Wir halten diese Bezeichnung für nicht erschöpfend. Verstandesgemässe Überlegung reicht überall da aus, wo es sich darum handelt, die nutzbringendste und zweckentsprechendste Verhaltungsweise herauszuarbeiten. Die Reflexion aber, die wir hier als wertsetzend charakterisieren, ist im Grunde keine Leistung des Intellekts, sondern entscheidet in Gemässheit eines in uns lebenden unbedingten Wertgefühls. Damit ist natürlich nicht ausgeschlossen, dass in vielen konkreten Fällen die Forderung der Nützlichkeit mit der der ethischen Norm übereinstimmt.

Motiven gegenüber zum Sieg zu bringen, und umgekehrt dadurch, dass wir jene Aufbietung von Energie absichtlich unterlassen, einem anfänglich vielleicht gar nicht sehr starken selbstischen Motiv zum Durchbruch zu verhelfen.

Das Einsetzen bezw. Nichteinsetzen dieser Energie der Wertbeurteilung in den mechanischen Ablauf der Motivation verleiht Willenskonflikten solcher Art den Charakter der vollen inneren Lebendigkeit. Eine uns von der Umgebung irgendwie zugeführte Versuchung will uns von einem deutlich als pflichtmässig empfundenen Handeln abziehen. Kurze, energische Abkehr von jener und Besinnung auf die Pflicht würde genügen, die Verlockung zu überwinden. Mit dem deutlichen Bewusstsein der Energielosigkeit aber überlassen wir uns der Einwirkung jenes ablenkenden Momentes. Wir malen die Genüsse, die uns hier winken, in verlockenden Farben aus und geben den sich damit assoziierenden Erinnerungsbildern Raum. Plötzlich aber besinnen wir uns auf die vernachlässigte Pflichtvorstellung; mit einer gewissen Anstrengung brechen wir die eben noch verfolgte Gedankenreihe ab und konzentrieren unsere Aufmerksamkeit auf das ethische Motiv. Auch hier überlassen wir uns dem Spiel sich anschliessender Erinnerungen und machen mit Ernst früher befolgte Willensrichtungen und Grundsätze des Handelns geltend. Schon sind wir im Begriff, uns der in ihrer verpflichtenden Kraft empfundenen ethischen Forderung zu unterwerfen, — da steigt aus der Reihe der vorhin verfolgten selbstischen Motive von neuem ein Moment auf und verbindet sich mit einer besonders verlockenden Lustvorstellung. Mühsam — absichtlich wenden wir nun das innere Auge von der eben noch so intensiv empfundenen Pflichtforderung ab; vielleicht gesellt sich hierzu noch die Erwägung, dass die Unterlassung der Pflicht in diesem besonderen Falle keine direkte Schädigung unserer sonstigen Interessen nach sich ziehe. So erliegen wir der Versuchung, ungeachtet der

Tatsache, dass ein beschämendes Gefühl der Energielosigkeit deutlich sich in uns regt.

In einem anderen Falle waren wir schon beim ersten Verfolgen der selbstischen Motivreihe ganz nahe daran, uns verleiten zu lassen. Mit besonderer Intensität traten jene Momente auf, wogegen die Pflichtvorstellungen in uns ein starkes Unlustgefühl erweckten. Dennoch schlagen wir uns mit energischer Anstrengung auf die Seite der ethischen Norm, bringen uns ihre verpflichtende Erhabenheit ins Bewusstsein und handeln ihr gemäss, wenn auch im Kampf mit starken Unlustgefühlen [1]).

6. Was wir durch die Vorführung dieser letzten Analysen bezweckten, war der Nachweis, dass es unverkennbar in unserem Willensleben Fälle gibt, in denen das Bewusstsein eine über alles passive Geschehenlassen weit hinausgehende Aktivität an den Tag legt. Für solche Betätigung an dem Für und Wider der Motivation haben wir ganz allgemein den Namen Reflexion. Wir stellten nun zunächst fest, dass wir angesichts gewisser Hemmungen, wie sie in psychischen Zuständen oder in besonderer Verwickeltheit der für die Entscheidung in Betracht kommenden Momente begründet sein können, nicht auskommen, ohne uns auf die Überlegung des Für und Wider mit besonderer Energie zu konzentrieren, bis die zweckmässigste Verhaltungsweise gefunden ist. Wir erkannten ferner, dass solche verstandesgemässe Reflexion nicht ausreicht in Fällen eines Konfliktes zwischen selbstischen Interessen und ethischen Forderungen. Angesichts solcher Verwickelungen — für die natürlich ebenfalls jene vorhin erwähnten Hemmungen sich geltend machen können — muss sich die Reflexion auch als wertsetzend betätigen. Unser letztes Beispiel ver-

---

[1]) Hier gesellt sich also zu der Fähigkeit des Wertsetzens das weitere Vermögen, dem nun als unbedingt wertvoll Erkannten auch den Willen zu unterwerfen. Beides meinen wir gleichmässig, wenn wir im folgenden von „Energie der Wertbeurteilung" reden.

anschaulichte die innere Lebendigkeit, die das Einsetzen bezw. Nichteinsetzen einer derartigen Energie der Wertbeurteilung dem Motivationsvorgang verleiht.

Nun aber erhebt sich die entscheidende Frage: Welche bestimmtere Auffassung müssen wir uns von dieser in unserem Willensleben offenbar hervortretenden Energie der Reflexionstätigkeit bilden? Kann sie als irgendwie **notwendig** in seelischen Zusammenhängen begründet angesehen werden? Etwa in der Gesamtverfassung des Individuums vor der Wahl? Aber wir sahen ja gerade, dass sie sich den bei gewissen seelischen Zuständen vorliegenden Hemmungen zum Trotz betätigen kann. Oder erklärt sich vielleicht das, was wir Energie der Wertbeurteilung nannten, schliesslich doch zureichend aus dem Wechselspiel der in uns auftauchenden Einzelmotive, bei dem ja schon dem Mechanismus zufolge auch frühere Willensentscheidungen sich zur Geltung bringen? Aber wir fanden, das Einsetzen oder Nichteinsetzen dieser Energie bestimmt von vornherein erst den Intensitätsgrad der Motive, und es betätigt sich weiterhin gerade darin, dass es den mechanischen Ablauf der Motivation hemmt und unterbricht.

Nach alledem können wir in jener Energie der Reflexion nichts anderes erkennen als eben ein Moment innerer **Spontaneität**. Sie stellt sich als ein zu dem mechanischen Prozess der Motivation hinzutretendes Plus dar, dessen Einsetzen oder Nichteinsetzen in unserer Macht liegt. Dieser Tatbestand aber hat unweigerlich zur Folge, dass, wo jene spontane Energie irgend in Aktion getreten ist, von einem Zustandekommen der Willensentscheidung im Sinne der **Naturnotwendigkeit** eben nicht mehr geredet werden kann. Sonach ist auch das **Kausalgesetz in seiner strengen Form auf solche Fälle des Willenslebens nicht übertragbar.**

7. Wir beschränken uns für die folgende Betrachtung auf diejenige Form der spontanen Energie, an der ihrer

prinzipiellen Tragweite wegen das Hauptinteresse bei der Frage der Willensfreiheit haftet, die Energie der Wertbeurteilung, wie sie sich in Fällen des Konflikts zwischen selbstischen Interessen und sittlichen Forderungen betätigt[1]). Unsere nächste Aufgabe wird es nun sein, den so gewonnenen Standpunkt den Argumenten des Determinismus gegenüber zu verteidigen. Es wird sich dabei herausstellen, dass wir bei allem Vorbehalt dennoch unsere Erwägungen mit den berechtigten Forderungen dieser Theorie in Einklang bringen können.

Mit Recht hat der Determinismus immer auf das nachdrücklichste darauf hingewiesen, dass ein geschlossener Zusammenhang in unserem Willensleben besteht, dass alle Veränderungen darin auf zureichenden Gründen beruhen. So könnte er geneigt sein, in unserer spontanen Energie doch wieder eine versteckte Einführung jener verrufenen Zufalls- und Willkürentscheidung des liberum arbitrium zu sehen. Aber es leuchtet doch ohne weiteres ein, dass in dem, was wir Spontaneität nennen, nichts weniger vorliegt als ein blindes Hin- und Herfahren des Willens.

---

[1]) Freilich müssen wir hier nochmals betonen, dass **überall** da, wo gegenüber dem mechanischen Ablauf der Motivation eine spontane Energie der Reflexion aufgeboten wird, nicht mehr von naturnotwendigem Zustandekommen des Entschlusses geredet werden darf. Es gilt dies also auch für die früher namhaft gemachten Fälle, denen die Beziehung auf das Ethische abgeht. Nur haftet an der Frage, ob auch hier Freiheit (im Sinne von Spontaneität) mit im Spiele gewesen ist, kein tieferes Interesse und keine besondere Tragweite. Dazu gesellt sich die weitere Erwägung, dass von den Fällen, in denen das Bewusstsein vorwiegend passiv dem Spiel der Motive zusieht, **mannigfache Zwischenstufen** zu denjenigen hinüberführen, welche ein entscheidendes Eingreifen der Reflexionsenergie aufweisen, also im einzelnen nicht immer als ausgemacht gelten kann, ob der Entschluss auf Freiheit beruhte oder nicht. Diese mutatis mutandis auch für unsere Energie der Wertbeurteilung gültige Ungewissheit in konkreten Fällen ist freilich wiederum für die prinzipielle Würdigung der Spontaneität belanglos.

Wenn wir auf unsere ins einzelne gehende Analyse jenes Konflikts zwischen Pflicht und Neigung zurückblicken, so müssen wir sagen: Hier herrscht ein durchgängiger innerer Zusammenhang. Für jeden neuen Schritt lässt sich ein Grund angeben. Allerdings ist unser Willenskonflikt von einer völlig anderen seelischen Struktur wie der am Anfang dieses Kapitels geschilderte Ablauf eines Motivationsprozeses: Es ist hier eben nicht allein der seeliche Mechanismus bestimmend für den Gang der Motivation. Vielmehr wirkt in eigentümlicher Weise das intensive oder schwächere Einsetzen jener Energie der Wertbeurteilung mit. Dieses Moment, das durchaus in unserer Macht steht, ist von vornherein entscheidend für den Stärkegrad, mit dem die Einzelmotive uns beeinflussen; es bestimmt dann weiter, ob wir einer bis dahin verfolgten Motivreihe noch fernerhin nachgehen, oder sie abbrechen, ob wir etwa mit deutlichem Bewusstsein der Schlaffheit uns von der ethischen Forderung ab- und der Versuchung zukehren, oder mit einem Gefühl innerer Befriedigung diese durch jene überwinden. So fällt dem Moment der Energieeinsetzung die entscheidende Rolle für den Gesamtverlauf der Motivation zu; es gehört in erster Linie zu den den Verlauf bestimmenden Gründen. Dieser Tatbestand hat zur Folge, dass eine **nachträgliche** Betrachtung solcher Willenskonflikte durchaus imstande sein wird, strenge kausale Geschlossenheit des Verlaufs der inneren Geschehnisse festzustellen. Da aber das entscheidende, den psychischen Mechanismus vielfach modifizierende Moment den Namen der Spontaneität verdient, kann gleichwohl nicht von einem — im mechanischen Sinne — **notwendigen** Zustandekommen der schliesslichen Willensentscheidung geredet werden. Demnach gelangen wir zu dem eigentümlichen Ergebnis: **In solchen Fällen des Willenslebens erwächst der Entschluss aus zureichenden Gründen und ist dennoch in dieser seiner bestimmten**

Beschaffenheit nicht als Folge einer unverrückbar waltenden Naturnotwendigkeit auffassbar.

So leisten wir der Forderung des Determinismus nach strenger kausaler Geschlossenheit dadurch Genüge, dass wir der nachträglichen Betrachtung durchaus das Recht einräumen, in dem Verlauf der inneren Geschehnisse einen Zusammenhang nach zureichenden Gründen zu erblicken[1]). Mit Wundt nehmen auch wir den deterministischen Standpunkt ein, demzufolge wir „im Sinne des überall gültigen Charakters geistiger Kausalität eingetretene Ereignisse aus ihren Ursachen erklären"; und mit ihm halten wir es für unmöglich, „die Willenshandlung aus ihren Bedingungen vorauszubestimmen"[2]). Das letztere tun wir freilich nicht nur deshalb, weil wir wissen, dass psychische Vorgänge sich nicht quantitativ bestimmen lassen, sondern auch, weil wir eine spontane Energie des Bewusstseins annehmen, die wir unter gewissen Umständen mit ins Spiel setzen, die sich aber naturgemäss jeder Vorausberechnung entzieht.

8. Ein weiteres beliebtes Argument des strengen Determinismus ist die Behauptung, nur bei seiner Auffassung von kausaler Geschlossenheit der Willensvorgänge sei eine kontinuierliche Charakterentwicklung, somit auch eine Beeinflussung durch sittliche Erziehung möglich, wogegen ein liberum arbitrium jede Stetigkeit der Entwicklung aufhebe und allgemeine Regellosigkeit setze. So wenig nun unser Standpunkt angesichts des einzelnen sittlichen Willenskonfliktes Zufall und Willkür einführt, so wenig gibt er im ganzen die Entwickelung des Charak-

---

[1]) Mit diesem Resultat berührt sich in wesentlichen Punkten der interessante Versuch Messers (Kants Ethik 359 ff.), den Gegensatz zwischen Determinismus und Indeterminismus durch eine eigenartige Interpretation des Kantischen intelligiblen Charakters auszugleichen.

[2]) Ethik 475.

ters solchen Mächten preis. Wir werden den Einwänden, die uns hier von deterministischer Seite gemacht werden können, am besten dadurch begegnen, dass wir in grossen Zügen ein Bild entwerfen, wie sich nach unserer Auffassung der Entwickelungsgang eines Charakters darstellt, und dabei die vom Determinismus mit Recht geltend gemachten mannigfaltigen Umstände, welche diesen Gang beeinflussen, in ihrer Bedeutung durchaus bestehen lassen.

An erster Stelle kommen für die Entwickelung des Willenslebens natürlich die Anlagen in Betracht, welche die Individuen bereits in die Wiege mitbekommen, also vererbte Dispositionen und Willensrichtungen, intellektuelle Fähigkeiten, Unterschiede des Temperaments. Entsprechend der Vorherrschaft des elementaren Trieb- und Gefühlslebens im frühesten Kindesalter weisen unsere Willenshandlungen naturgemäss lange Zeit durchaus die im Anfang dieses Kapitels dargestellte seelische Struktur auf: Sie geschehen mehr an uns als dass wir sie vollbrächten. Erst allmählich bildet sich gegenüber dem blossen Hingegebensein an die Eindrücke eine Fähigkeit ihrer Beherrschung durch die Reflexion aus. Wir unterschieden die rein verstandesgemässe von der für die Entwicklung des Charakters ungleich bedeutenderen wertsetzenden Reflexion. Für die Entstehung solcher Werturteile ist nun die Beschaffenheit der sozialen Umgebung des Individuums im weitesten Sinne des Wortes, also das „Milieu" in hohem Masse verantwortlich. An dieser Stelle müssen wir dem Determinismus ein weitgehendes Zugeständnis machen. Es ist offenbar: Das Auftreten jeglicher ethischen Wertbeurteilung im Individuum hat zu seiner unerlässlichen Voraussetzung die Tatsache, dass ihm überhaupt einmal ethische Normen mit ihrer verpflichtenden Kraft von der sozialen Umgebung irgendwie nahegebracht worden sind. Wer das Unglück hatte, seine ersten Kindheits- und Entwicklungsjahre in einer sittlich völlig verwahrlosten Gemeinschaft zubringen zu müssen, von dem wird niemand irgend welches sittliche Bewusstsein erwarten dürfen, solange er ausschliesslich jenen Einflüssen ausgesetzt ist. Aber auch dann, wenn die Verhältnisse nicht derartig ungünstig liegen, wenn die normalen erziehlichen Einflüsse ungehemmt in Kraft treten können, werden die einzelnen ihren ererbten Anlagen zufolge den Anforderungen der ethischen Norm gegenüber verschieden reagieren. Temperament, angeborene Interessen und Dispositionen werden den einen gewissen Versuchungen in weit höherem Masse aussetzen als den andern, jenen von vornherein geneigt machen, in sittlichen Vorschriften nur hemmende Schranken zu sehen, diesen, sich ihnen ohne viel Bedenken zu unterwerfen. Selbstverständlich machen sich auch gewisse feinere Unterschiede bezüglich der Art und Weise geltend, wie das Ethische von der Umgebung vermittelt wird: Wie viel hat hier der Mensch, dessen Erziehung von sympathischen Persönlichkeiten mit pädagogischem Takt geleitet wird, vor demjenigen voraus, dem diese Wohltaten versagt geblieben sind!

9. Dennoch aber, mögen alle diese Umstände den Weg zum ausgebildeten sittlichen Bewusstsein noch so sehr dem Einen ebnen, dem Andern erschweren, — eines muss überdies noch als das allgemeine, jedem normal veranlagten Individuum mitgegebene Moment bezeichnet werden, dessen Inkrafttreten erst einen sittlichen Charakter möglich macht, der diesen Namen in Wahrheit verdient. Es ist dies die weder in einem spezifischen Naturell noch in irgend welchen Einflüssen der Umgebung begründete Fähigkeit unseres Innern, „das Verpflichtende, was im Inhalt des Sittlichen liegt, als solches anzuerkennen"[1]) und demzufolge den Willen ihm unterworfen zu wissen. Erst auf Grund dieses

---

[1]) Siebeck, Religionsphilosophie. Freiburg und Leipzig 1893. S. 396.

Momentes kann sich in unserer Reflexion dasjenige Vermögen ausbilden, welches wir spontane Energie der Wertbeurteilung nannten. Das Gefühl des unbedingten Wertes, den wir den ethischen Bewusstseinsinhalten beilegen, ringt in uns mit den sinnlichen Antrieben. Dieses Schauspiel aber stellt sich einer unbefangenen Selbstbesinnung in keiner Weise dar wie die Abwickelung eines Motivationsprozesses an der Hand des psychischen Mechanismus. Vielmehr bildet die intensive oder schwächere Aufbietung jener Energie der Wertbeurteilung, die offenbar in unsere Macht gegeben ist, das entscheidende Moment, wie wir ausführlich dargetan haben.

Demgegenüber ist die spezifische Eigentümlichkeit des Determinismus, dass er dem Zeugnis der Selbstbeobachtung zuwider und der uneingeschränkten Gültigkeit des strengen Kausalgesetzes zu Liebe in den eben charakterisierten Fällen des Willenslebens keinerlei Spontaneität zulassen, vielmehr auch in ihnen nur ein Wechselspiel „konstanter", das heisst in der Vergangenheit des Individuums begründeter, und aktueller, dem Gegenwartsaugenblick angehöriger Motive erkennen will. Wir aber versuchten nachzuweisen, dass das Kausalgesetz in jener strengen Form, aus den Anforderungen einer Erkenntnis der Aussenwelt erwachsen, auf das Willensleben höchstens in den Fällen anwendbar sei, deren seelische Struktur eine solche Übertragung nahe legt. Bevor wir nun dazu fortschreiten, jene Spontaneität der Wertbeurteilung noch durch weitere Ergebnisse der Selbstbeobachtung zu stützen, wollen wir auch hier versuchen, dem Standpunkt des Determinismus, so weit wir es vermögen, Rechnung zu tragen.

10. Es liegt auf der Hand, dass alle die vorhin erwähnten hemmenden Momente, angesichts deren sich freilich gerade unsere Energie betätigen kann, mitunter in einem Grade auftreten, der jede ruhige Überlegung, mithin auch jede Spontaneität unmöglich macht. Dies gilt sowohl

für die bei der Wahlentscheidung gegenwärtige Geistesverfassung, wie sie in Krankheit, gewissen Stimmungen, Trunkenheit, momentanen Affekten, hypnotischen Zuständen begründet sein kann, wie auch für sonstige ungünstige Umstände, z. B. ausserordentliche Kürze der für die Entscheidung belassenen Zeit. Mit vollem Recht hat ferner der Determinismus stets auf die ungeheure Bedeutung hingewiesen, welche die **Vergangenheit des Willenslebens** für die aktuelle Entschliessung hat. Es bedarf keiner besonderen Ausführung, dass der Grad der Intensität, mit der unsere spontane Energie der Wertbeurteilung aufgeboten werden muss, von dem gesamten Vorleben des betreffenden Individuums abhängig ist. Ein Mensch, der jahrelang nur seinen selbstischen Gelüsten gefröhnt hat, wird natürlich eine ausserordentliche Mühe einsetzen müssen, um zu einem sittlichen Leben zu gelangen. Mit dem ganzen Schwergewicht der Vergangenheit wird sein Entschluss zur Umkehr zu ringen haben, und er vielleicht nur allmählich, Schritt für Schritt, die Absicht durchführen können. Auf der anderen Seite hat der Mensch, der von Anfang an den ethischen Forderungen Gehör schenkt, je weiter sein Leben sich fortspinnt, ein um so geringeres Quantum von Energie aufzubieten, um an ihn herantretende Versuchungen zu überwinden. Das Ideal des sittlichen Charakters besteht natürlich darin, dass dauernd eingeschlagene Willensrichtungen sich allmählich zu festen Grundsätzen verdichten, denen zufolge die Erfüllung der ethischen Forderungen ohne innere Kämpfe wie von selbst sich einstellt.

11. Und dennoch: Bei all unserer Geneigtheit, die Mächte des Schicksals jeglicher Form in Anschlag zu bringen, bei all unserer Bereitwilligkeit zu menschlich milder Beurteilung der Verfehlungen, — wir können und dürfen nicht so weit gehen, dass wir Freiheit überhaupt für eine Illusion erklären. Führt uns doch die Erfahrung des Lebens Beispiele genug vor Augen, angesichts deren

wir ratlos dastünden, wenn wir dem Individuum nicht die Fähigkeit der Aufbietung spontaner Energie zusprechen dürften. So häufig wir es freilich beobachten, dass jahrelang geübte Nachgiebigkeit allen selbstischen Gelüsten gegenüber einen Menschen wie mit innerer Konsequenz dem Abgrund zuführt, — gewahren wir nicht auch auf der anderen Seite das Schauspiel, dass mit **heroischer Anspannung der Willensenergie** ein ganzes verfehltes Vorleben abgebrochen oder doch wenigstens allmählich, Schritt für Schritt in neue Bahnen geleitet wird? Will man das menschliche Bewusstsein als blossen Schauplatz des Wechselspiels konstanter und aktueller Motive ansehen, wie es der Determinimus vorschreibt, so bleibt es doch kaum zu begreifen, dass, wie in dem eben charakterisierten Fall, plötzlich auftretende sittliche Regungen schon **von sich aus** imstande sein sollten, das ganze Schwergewicht der kontanten selbstischen Motive zu überwinden. Drängt sich hier nicht vielmehr die Überzeugung auf, es müsse eben dem Menschen die Fähigkeit innewohnen, eine spontane Energie aufzubieten, welche alle widerstrebenden Mächte besiegen kann?

Schliesslich hat doch auch jene innere Stimme, die nach vollbrachter Tat so vernehmlich in uns spricht, ein gutes Anrecht darauf, als Zeugin für die Freiheit gehört zu werden. Wir meinen natürlich die **Regungen des Gewissens**, das Gefühl der Befriedigung über die gute, das der Reue über die schlechte Handlung, das Bewusstsein der Verantwortlichkeit. Was nun die Stellung des Determinismus gegenüber diesen seelischen Tatsachen anlangt, so muss man doch sagen, dass er das unzweideutig Vorliegende der Theorie zuliebe solange modelt, bis es in das Ganze des Systems passt. Die Unbesorgtheit, mit der hier die Tatsachen zurechtgestutzt werden, steht in merkwürdigem Kontrast zu dem sonstigen Anspruch dieser Richtung, sie bringe gerade die seelischen Tatbestände und Zusammenhänge richtig zur Anerkennung. Mit gutem Grund hat freilich der Determinismus geltend gemacht, Reue und Verantwortlichkeitsbewusstsein vertrügen sich in keiner Weise mit einem liberum arbitrium. Wir können natürlich nicht für etwas einstehen, was Zufall und blinde Willkür gewirkt haben; und sicherlich besagt die Stimme des Gewissens etwas anderes als: „Wir hätten ja gerade so gut das gegenteilige Verfahren einschlagen können, hoffentlich wird es das nächstemal so sein" [1]). Mit Recht weist man darauf hin, dass unsere Taten uns selbst angehören, aus unserm innersten Wesen fliessen, und dass demzufolge unsere Reue sich nicht in dem billigen Gefühl erschöpft, es hätte ja auch anders sein können. Aber es heisst nun doch den seelischen Tatbestand einfach vergewaltigen, wenn man in dem Gewissen einen Fürsprecher der unabänderlichen Notwendigkeit unserer Handlungen erkennen, von ihm sagen will, es strafe uns „mit dem Bewusstsein eben dieser Notwendigkeit" [2]). Wäre dem so, dann könnte der Sinn all dieser peinigenden Regungen doch nur ein — wenn auch noch so starkes — Bedauern über das nun einmal unabwendbar Eingetretene sein. Wie aber sollten wir dann dazu gelangen, uns selbst die **Schuld** an dem Geschehenen zuzuschreiben? Kein Zweifel kann sein: Die Stimme des Gewissens ist gleich weit entfernt, uns den billigen Trost eines Willkürbewusstseins zu spenden oder dumpfe Trauer über die Gebundenheit unseres Wesens in uns zu erwecken. Sie besagt vielmehr: Gewiss war die Tat ganz wie Du selbst, entsprang sie Deinem innersten Wesen; aber dennoch trägst Du allein die Verantwortung. Du hast bei voller Kenntnis des Für und Wider der Motive nicht Energie genug aufgeboten, um die sittlichen zum Siege zu führen, sondern die Schwäche

---

[1]) Kuno Fischer, Über das Problem der menschlichen Freiheit. Heidelberg 1875. S. 24.
[2]) K. Fischer, a. a. O. 25.

gehabt, Dich den selbstischen zu überlassen. — Dem entspricht dann auch die Tatsache, dass überall da, wo Umstände irgend welcher Art uns das Einsetzen solcher spontanen Energie unmöglich machen, wir auch von Reue und Verantwortlichkeitsgefühl nichts empfinden.

12. Hiermit sind wir an einem Markstein unserer Untersuchung angelangt. Wir haben das Hauptargument des Determinismus, die uneingeschränkte Gültigkeit des Kausalgesetzes in seiner strengen Form, einer allseitigen Prüfung unterzogen. Was diese Richtung von sonstigen Momenten für sich geltend gemacht hat, ist teils zugleich mit dem vorigen erledigt, teils von andern bereits in zureichendem Masse gewürdigt worden. Wenn der Determinismus die Selbstbeobachtung für seine Leugnung jeglicher Freiheit als Zeugen aufruft, so wurden wir eben durch diese zur Anerkennung einer spontanen Bewusstseinsenergie geführt; wenn er die Möglichkeit einer kontinuierlichen Charakterentwickelung als an seine Aufstellungen gebunden erachtet, so versuchten wir nachzuweisen, dass unsere Spontaneität, weil sie mit blinder Willkür nichts zu tun hat, sich mit einer solchen Entwickelung durchaus verträgt. Eine grosse Rolle in den Diskussionen über die Willensfreiheit spielen ferner die Ergebnisse der sogenannten Moralstatistik. Hier verweisen wir zunächst auf die eingehende und überzeugende Kritik, die Windelband[1]) an dem Geltungswert dieser Feststellungen vorgenommen hat. Es wird einleuchtend gemacht, dass die hier vorliegende Konstanz der Zahlen jedenfalls nicht auf eine allem menschlichen Wollen überlegen waltende Naturnotwendigkeit schliessen lässt, dass die Zahlen „Ergebnisse, nicht bestimmende Mächte"[2]) sind. Das wertvolle Resultat dieser statistischen Aufstellungen ist der Nachweis, dass ent-

---

[1]) Über Willensfreiheit. 134 ff.
[2]) 146.

sprechend der durchgängigen Gleichförmigkeit der menschlichen Bedürfnisse und Zwecke, die gleichen sozialen Bedingungen immer in der gleichen Anzahl von Individuen eine annähernd gleich grosse Zahl bestimmter Willenshandlungen hervorrufen. Dieses Ergebnis liefert nun freilich eine wirksame Waffe gegen eine Theorie, welche die allgemeine Willkür und Regellosigkeit der menschlichen Handlungen statuiert. Unsere Auffassung des Willenslebens aber ist mit den Ergebnissen der Moralstatistik nicht minder im Einklang wie der reine Determinismus.

13. Nach alledem können wir dazu fortschreiten, durch einen zusammenfassenden Rückblick die Resultate unserer Kritik bestimmt zu formulieren.

Wenn der Determinismus die Übertragung des Satzes der Kausalität in seiner strengen, Notwendigkeit heischenden Form auch auf das Willensleben als etwas Selbstverständliches fordert und übt, so huldigt er dabei einer Auffassung dieses Satzes, welche angesichts der Diltheyschen Kritik des Kausalitätsbewusstseins nicht bestehen kann. Das strenge Kausalgesetz wurzelt wie jede Kausalitätsvorstellung in einem Erlebnis des Willens und hat diese seine bestimmte Ausprägung erhalten durch den Willen zur Erkenntnis der Natur; es ist erwachsen aus den Anforderungen einer Erkenntnis der Aussenwelt. Demnach kann es nicht ohne weiteres rückwärts auf den Willen übertragen werden. Nichtsdestoweniger weisen diejenigen Fälle des Willenslebens, welche dessen breiten Untergrund bilden, eine seelische Struktur auf, die die Anwendung des strengen Kausalgesetzes auf sie rechtfertigt. Diese Übertragung ist am Platze überall da, wo die uns zugeführten Eindrücke von selbst und unmittelbar bestimmte Willenshandlungen auslösen; sie ist ferner am Platze angesichts der Fälle, in denen die Willensentscheidung das Resultat eines an der Hand des seelischen Mechanismus erfolgten Wechselspiels der Motive ist, während die Funktion des Bewusstseins sich im Nebeneinanderbesitzen und Vergleichen der Einzelmomente erschöpft. Indessen stiess unsere Selbstbeobachtung auf Fälle des Willenslebens, die eine völlig andere seelische Struktur besassen. Wir erkannten in ihnen eine gesteigerte Energie der Reflexion. Diese betätigte sich einmal im klareren und schärferen Herausarbeiten der Einzelmotive und ihrer Beziehungen, vornehmlich aber — in sittlichen Willenskonflikten — als eine Energie der Wertbeurteilung. In dieser Energieeinsetzung konnte eine unbefangene Selbstbesinnung nur ein Moment der Spontaneität sehen; und demzufolge vermochten wir in Willensentscheidungen, die unter der Mitwirkung jener Energie entstanden waren, nichts von Notwendigkeit zu entdecken. Dennoch vertraten auch wir das Bedingtsein des Entschlusses in zureichenden Gründen: Der nachträglichen Betrachtung räumten wir durchaus das Recht ein, vollständige kausale Geschlossenheit in dem Ablauf der Motivation zu suchen. Des weiteren versuchten wir nachzuweisen, dass unsere Spontaneität eine kontinuierliche Charakterentwickelung in keiner Weise beeinträchtigt. So vielfache Zugeständnisse wir hier dem Standpunkt des Determinismus machen konnten, — die Möglichkeit einer Freiheit als spontaner Energie mussten wir aufrecht erhalten. Als lebendige Zeugen für sie riefen wir namentlich die Tatsachen des Gewissens auf, sofern man diese nur allseitig und unbefangen zu würdigen weiss.

Der Determinismus ist eine Hypothese, die im letzten Grunde beruht auf einer unberechtigten Übertragung der naturwissenschaftlichen Erkenntnismethode auf das Seelische. Das Kausalgesetz in seiner strengen Form, für alles Naturerkennen unbestrittener oberster Grundsatz, hat diese Geltung nicht durchgängig für das Seelische. Es bietet keinen angemessenen Ausdruck für den reicheren, in unmittelbarem Erlebnis gegebenen Zusammenhang des Innengeschehens.

Es gibt aus dem Bereich der äusseren oder der seelischen Erfahrungen keine Erwägung, welche uns nötigte, das laute Zeugnis einer unbefangenen Selbstbesinnung zu verwerfen und unser Willensleben ausnahmslos dem Walten einer Notwendigkeit zu unterstellen.

14. Freilich, sobald wir den Boden der Erfahrung verlassen und **metaphysisches** Gebiet betreten, müssen wir zugeben: Auch die spontane Energie, die wir in den Ablauf des Willenslebens glaubten einsetzen zu müssen, lässt schliesslich eine deterministische Deutung zu. So wenig wir erfahrungsgemäss etwas aufweisen konnten, worin sie selbst wiederum zureichend begründet sei, — die metaphysische Annahme bleibt unverwehrt, es müsse dennoch die spontane Energie in allen Fällen und in dem bestimmten Grade ihres Auftretens als irgendwie notwendig bedingt gedacht werden. Eine solche Annahme fliesst konsequenterweise aus jeglicher monistischen Gestalt der Metaphysik: Die Setzung eines einheitlichen Weltgrundes verlangt strenge kausale Geschlossenheit alles Weltgeschehens. Die — wenn auch nur relative — Selbständigkeit der in der Welt auftretenden psychophysischen Lebenseinheiten ist mit solcher Forderung niemals vereinbar. Auch das **religiöse** Bewusstsein drängt bekanntlich in einer seiner mächtigsten Ausgestaltungen zu einer deterministischen Auffassung des Willenslebens: Der Gedanke der unbeschränkten Allmacht und Allwissenheit Gottes führt, konsequent durchgedacht, zu einer völligen Leugnung jeglicher Freiheit. Führende religiöse Persönlichkeiten wie Augustin und Calvin sind vor dieser Folgerung nicht zurückgeschreckt.

Allerdings liegt auf der anderen Seite gerade im religiösen Erlebnis ein nie versiegender Quell des Freiheitsbewusstseins. Aus dem tief erfassten Zwiespalt zwischen natürlicher Lage und göttlicher Bestimmung des Menschen, zwischen Welt und Geist ringt sich immer wieder von neuem die Forderung der Freiheit empor; nur sie scheint vereinbar mit der Allgüte und Heiligkeit Gottes. Dementsprechend hat auch alles metaphysische Denken, welches über den Gegensatz von Natur und Geist nicht hinausgelangt, also dualistisch bleibt, von jeher die Freiheit des Menschen vertreten.

15. Unsere auf dem Boden des Erfahrungsmässigen verbleibende Untersuchung muss sich mit der blossen Feststellung dieses Zwiespalts der transzendenten Ausdeutungen begnügen. Noch aber gibt es im Bereich des wirklichen Menschheitslebens einen Inbegriff geistiger Tatsachen, der, für unsere Stellung zum Problem der Willensfreiheit von höchster Bedeutung, eine prinzipiellere Würdigung heischt, als wir sie ihm im bisherigen Verlauf unserer Untersuchungen gewähren konnten. Wir meinen natürlich die ethischen Bewusstseinsinhalte. Sie sind im vorhergehenden nur in der Weise zur Sprache gekommen, wie sie einer unbefangenen Selbstbesinnung sich darstellten Nun gilt es, zu einer grundsätzlichen Bewertung dieser Inhalte vorzudringen und festzustellen, ob sich etwa von hier aus bestimmte Konsequenzen für das Freiheitsproblem ergeben. Solchem Bemühen sei eine kurze Schlussbetrachtung gewidmet.

III. Schlussbetrachtung: Das Postulat der Ethik.

1. Mit Vorliebe pflegt der Determinismus darauf hinzuweisen, seine Theorie sei, weit entfernt davon, die Forderungen des sittlichen Bewusstseins in Frage zu stellen, vielmehr in besonderem Masse geeignet, sie zu stützen. Gegenüber dem Standpunkt des liberum arbitrium betont er gern und nicht ohne Grund, nur er verbürge dadurch, dass er den strengen kausalen Zusammenhang des Willenslebens begründe, eine kontinuierliche Charakterentwicke-

lung und somit auch die Möglichkeit der sittlichen Erziehung. Nun aber lässt sich der Nachweis erbringen, dass diese vom Determinismus vertretene Übereinstimmung seiner Sätze mit den sittlichen Forderungen gebunden ist an eine ganz bestimmte theoretische Deutung und praktische Bewertung der ethischen Bewusstseinsinhalte, deren ausschliessliche Berechtigung zum mindesten bezweifelt werden darf. Diese Deutung und Bewertung stellt sich dar als eine Antwort von eigenartigem Gepräge auf die beiden Hauptfragen, die in Hinsicht des Ethischen erhoben werden können: **Wie hat man sich die ursprüngliche Entstehung und die Weiterentwickelung der ethischen Bewusstseinsinhalte zu denken, und was ist ihr Sinn, das Ziel, dem sie dienen?** Unsere Aufgabe wird es also sein, die im Einklang mit der deterministischen Willenstheorie befindlichen Lösungen dieser Fragen kurz zu charakterisieren und dann zu prüfen, ob sie in jeder Beziehung befriedigen und unserm sittlichen Bewusstsein Genüge leisten.

Die hier in Betracht kommenden Erwägungen nehmen, soweit sie die **Entstehung und Entwickelung** des Ethischen klarstellen wollen, ihren Ausgang von einer durch geschichtliche Forschung und ethnographische Beobachtung gleichmässig bestätigten Tatsache. Ihr zufolge gibt es keinerlei bestimmte, als verpflichtend gefühlte ethische Normen, welche unterschiedslos zu allen Zeiten und bei allen Völkern, ohne Rücksicht auf nationale Eigentümlichkeiten, religiöse Vorstellungen, soziale Verhältnisse, Stand der Gesamtkultur im Bewusstsein der Menschheit lebten. Mit Recht hat man hier auf die ausserordentliche Mannigfaltigkeit der in den erwähnten Bedingungen begründeten Ausprägungen des Sittlichen hingewiesen. Im Zusammenhange solcher Erwägungen ist man dazu fortgeschritten, vollständige **Relativität** alles Ethischen zu statuieren. Es soll nichts anderes sein als ein Name für gewisse psychische Tatsachen, welche auf Grund der Wechselbeziehungen zwischen Individuum und sozialer Gemeinschaft entstanden sind und entsprechend den Unterschieden der Nationalität, Religion, Gesamtkultur die mannigfaltigste inhaltliche Beschaffenheit aufweisen. Auch die Weiterentwickelung der sittlichen Anschauungen ist abhängig von jenen Mächten, sowie von den geschichtlichen Erfahrungen und Schicksalen des betreffenden Volkes. Bei konsequentem Verfolgen solcher Gedankengänge konnte man dann dazu fortschreiten, von der Entwickelung des Ethischen ein Bild zu konstruieren, worin die Einwirkungen von Seiten der sozialen Gemeinschaft durchaus als beherrschende Züge hervortreten, während alle Momente einer **freien, selbsteignen Entscheidung** der Individuen ausgeschaltet sind. So beruht nach dem bekannten Spencerschen[1]) Konstruktionsversuch das Verpflichtende, welches den ethischen Forderungen anhaftet, einmal auf gewissen vererbten Ideenassoziationen, fernerhin aber darauf, dass die Gemeinschaft im Interesse ihrer Selbsterhaltung einer bestimmten Gruppe von Verhaltungsweisen den Stempel des Guten, einer anderen den des Schlechten aufdrückt und im Bunde mit religiöser Sanktion ihre Autorität dafür einsetzt. Von Generation zu Generation werden bestimmte Vorschriften als pflichtmässig überliefert, und ihre Befolgung wird durch Strafmittel verbürgt. Unter dem Zwang all dieser Mächte kann man sich so den einzelnen als zu sittlicher Lebensführung gelangt denken, ohne dass irgend welche auf eigner Wertentscheidung beruhende, freie Unterwerfung unter die ethische Norm angenommen zu werden braucht.

So ist der geschilderten Theorie zufolge die soziale Gemeinschaft im wesentlichen Schöpferin und Erhalterin

---

[1]) Spencer, First Principles; deutsch, Stuttgart 1875. S. 116 f. Vgl. auch Siebeck, Religionsphilosophie 391 ff.

alles Ethischen. Darum kann sie auch — hiermit wenden wir uns der zweiten Frage zu — als dasjenige Moment angesehen werden, von dem die ethischen Bewusstseinsinhalte **Sinn und Zweck** ihres Daseins herleiten, dem sie schliesslich alle irgendwie dienstbar sind. Mag man nun mit dem gewöhnlichen Eudämonismus das grösstmögliche Glück einer grösstmöglichen Anzahl, oder mit Paulsen[1]) die umfassendste und intensivste Betätigung menschlich-geistigen Lebens, oder mit Wundt die Förderung der Gesamtkultur als solch letztes Ziel bezeichnen, immer ist es ein Interesse der Gesamtheit, dem alle Ethik zustrebt. Die verpflichtende Kraft der ethischen Bewusstseinsinhalte wird nicht in einem unmittelbaren Bewusstsein des Wertes gesucht, den ihre Befolgung für die Einzelpersönlichkeit selbst besitze. Deren Betätigungen gelten als ethisch wertvoll nur, insofern sie zu dem Wohl der Gesamtheit irgendwie beisteuern; dieser wird die Persönlichkeit gewissermassen aufgeopfert. — In der Tat schwindet bei dieser Zielbestimmung aller Ethik jedes Interesse, eine Freiheit der Einzelwesen im Sinne von Spontaneität zu retten. Die elementaren psychischen Tatsachen, die auf eine solche hinzuweisen scheinen, erfahren eine Deutung, wie sie mit der Theorie des Determinismus im Einklang steht. Reue und Verantwortlichkeitsgefühl werden aus dem Bewusstsein des verdammenden Urteils der sozialen Gemeinschaft abgeleitet. Als Sinn und Zweck aller sittlichen Erziehung gilt, die ethischen Normen so häufig und intensiv wie möglich dem Geiste des Zöglings einzuprägen und ihnen so das Übergewicht gegenüber den selbstischen Antrieben zu geben, sodass sie sich als die konstanten und determinierenden Motive betätigen und festsetzen.

2. Von solcher Beschaffenheit etwa sind die Erklärungen des Werdens und Wesens der Ethik, wie sie dem deter-

---

[1]) System der Ethik. 5. Auflage. Berlin 1900.

ministischen Standpunkt entsprechen. Alledem aber müssen wir den Zweifel entgegen halten, ob das, was als sittlich im allgemeinen Bewusstsein lebt, lediglich auf solche Weise entstanden sein und solche Bestimmungen seines Sinnes und Zieles als allgenugsam anerkennen kann. Der ursprüngliche, auf primitiven Stufen der Kultur immer anzutreffende Charakter der Menschennatur trägt nach deterministischen Theorien folgende Züge: Als unbedingt vorherrschende Lebensäusserung tritt auf ein Komplex von Trieben, von denen die einen, die im eigentlichen Sinne selbstischen, auf unmittelbare Befriedigung der individuellen Bedürfnisse gehen, während andere von gleicher Ursprünglichkeit, die sozialen, der Erhaltung und Förderung von Familie, Sippe, Stamm dienen. Der ungehinderten Auswirkung beider Arten von Trieben haftet — wenn auch naturgemäss den selbstischen in höherem Grade als den sozialen — ein bestimmter Gefühlscharakter an, der sich als Lustzustand charakterisiert; jede Triebbefriedigung bringt eben eine Erhöhung und Steigerung der Lebensenergie und so ein Gefühl des Wohlbehagens mit sich. Nun kann man sich für die primitiven Äusserungen des Sittlichen in Gestalt von Zurückdämmung der selbstischen, von Bevorzugung der sozialen Triebe als Rückhalt und Stützpunkt im Bewusstsein der Individuen allerhand Erwägungen denken, welche darauf tendieren, solche Betätigungen im Interesse der Gesamtheit dienten im letzten Grunde doch auch am besten der Erhaltung und Förderung des eignen Lebens. Aber alle ausschliesslichen Begründungen des Ethischen auf derartigen Überlegungen eines verständigen Egoismus führen schliesslich zur Verdunkelung des Sittlichen, weil sie den von vornherein zugelassenen Unterschied zwischen Egoismus und Altruismus hintennach doch wieder zu Gunsten des ersteren aufheben. Will man aber diese Konsequenzen vermeiden und das Ethische mehr direkt auf die sozialen Regungen fundieren, dann ist es psychologisch unerlässlich, in diesen eben mehr zu sehen, als ihnen zukommen könnte, wenn sie blosse Naturtriebe wären, deren Befriedigung ein — im Vergleich mit den selbstischen noch dazu weit weniger intensives — Lustgefühl im Individuum erregt. Es drängt sich uns die Einsicht auf, dass unser Inneres auf soziale Betätigungen überdies mit einem von aller Lustempfindung qualitativ verschiedenen Gefühl reagieren muss, demzufolge sich ihre Bevorzugung psychologisch erklärt. Dieses Gefühl ist jenes eigenartige, in seiner Tatsächlichkeit unantastbare Bewusstsein des Wertes, den im Gegensatz zu aller selbstischen Triebbefriedigung das Wirken und Schaffen für andere unmittelbar der Einzelpersönlichkeit selbst verleiht. Es entspringt — um es wenigstens andeutungsweise zu sagen — aus der mit der Entwickelung des Geistes hervortretenden Gewissheit, dass das Leben des Einzelnen und der Gesamtheit in den Zusammenhängen der Welt unmöglich etwas Indifferentes, oder im besten Falle lediglich Angenehmes sein könne, dass es vielmehr auf die Verwirklichung eines der mechanischen Notwendigkeit enthobenen Wertes angelegt sein müsse. Von hier aus ergeben sich Vorstellungen und davon ausgehend Bestrebungen, deren Wesentliches darin liegt, dass dabei nicht dem Geist etwas vom Sinnlichen her als massgebend aufgedrängt wird; vielmehr treten an ihm selbst Inhalte — als Wertvorstellungen — hervor, die beanspruchen, von sich aus den Bereich des Gegebenen, Sinnlichen, überhaupt der Wirklichkeit zu gestalten. So stellt sich neben die unten, im Bereich des Sinnlichen waltende Tatsache des Müssens von oben, vom Geiste her das Bewusstsein des Sollens, gegenüber dem Begriff der allgemeinen Wohlfahrt und dergleichen der einer ursprünglichen sittlichen Würde. Dieses Wertgefühl muss als geistiges Urphänomen in alle Entwickelung ethischen Lebens mit eingesetzt werden. Freilich ist es in seinen Äusserungen auf primitiver Kulturstufe ein durchaus unfertiges Gebilde, entwickelungsbedürftig im höchsten Grade. Es erschöpft sich hier in dem Tatbestande, dass das Innere überhaupt mit ihm zu reagieren vermag, ohne dass die Betätigungsweisen, an denen es haftet, oder die Abstufungen der Intensität, mit der es sich geltend macht, irgendwie von vornherein inhaltlich fest bestimmt wären. Auch treten zweifellos neben ihm noch andere, die Entwickelung des Ethischen fördernde Momente auf, und zwar solche, welche aus Erwägungen des selbstischen Interesses der Individuen fliessen: Hoffnungen auf Vorteile, die bei sozialer Betätigung winken, Furcht vor göttlicher oder weltlicher Strafe, die auf der Verletzung gewisser von der Gesamtheit gegebener Vorschriften steht. Als der für diese Entwickelung wesentliche Zug hebt sich aber die Tatsache heraus, dass hauptsächlich unter dem Einfluss der führenden sittlichen Persönlichkeiten allmählich jene eudämonistischen Elemente mehr und mehr ausgeschaltet werden, während die reine und echte Gefühlsbestimmtheit des Wertbewusstseins, sowie die Betätigungsweisen, an die es sich heftet, immer umfassender und deutlicher hervortreten. In steigendem Masse nimmt vor allem das Wertbewusstsein den Charakter des unbedingt Gültigen an. Solche geläuterte ethische Lebensauffassung predigt am machtvollsten und naturgemäss in innigster Verwobenheit mit dem religiösen Bewusstsein das Christentum. Ihre theoretische Begründung hat sie im Altertum durch die Ideenlehre Platos, in der neueren Zeit durch Kant gefunden. Dieser schreitet über die Aufstellung von inhaltlich bestimmten Einzelnormen des sittlichen Lebens hinaus. Sein formales Gesetz verlangt, dass wir die in konkreten Fällen einzuschlagende Verwaltungsweise mit gesammelter Energie der Reflexion erst selbst bestimmen. Aber diese Reflexion betätigt sich doch nur **auf Grund und unter der Führung des Wertbewusstseins.** Die so geschaffene Maxime des Handelns trägt dementsprechend den Charakter des unbedingt Wertvollen; der psychologisch natürliche Ausdruck dieses Tatbestandes ist das Bewusstsein unserer **unbedingten Verpflichtung**, unser Verhalten nach der gefundenen Maxime einzurichten.

So tragen die ethischen Normen den Sinn und Wert ihres Daseins **in sich selbst**. So sicher ihre allseitige Erfüllung dem materiellen und geistigen Wohl der Gesamtheit am besten dient, — ihre Existenzberechtigung stammt nicht erst von dort her. Ihre Beziehungen zu diesen unpersönlichen Mächten treten als sekundär zurück; um so deutlicher aber hebt sich das lebendige und unmittelbare Verhältnis heraus, in dem sie zu den **Einzelpersönlichkeiten** stehen. Unser Urteil über deren Wert und Unwert muss sich natürlich in erster Linie bemessen nach ihrer Stellung zu den unbedingt wertvollen ethischen Normen.

3. Die wichtigste Konsequenz dieser Auffassung des Ethischen aber ist die, dass sie die deterministische Willenstheorie als **unbefriedigend** ablehnen muss. Sicherlich ist, wie wir schon an früherer Stelle ausführten, das Auftreten ethischen Fühlens und Handelns an Bedingungen gebunden, welche dem Willen des einzelnen entzogen sind. Die soziale Umgebung muss dem Individuum sittliche Pflichtvorstellungen nahe bringen, wenn die ihm innewohnende Fähigkeit, mit jenem eigenartigen Wertbewusstsein zu reagieren, überhaupt zur Entfaltung und Betätigung gelangen soll. Sind aber diese Bedingungen — wie es bei normalen Anlagen und Lebensumständen des einzelnen angenommen werden muss — in zureichendem Masse erfüllt, dann macht sich in ihm bereits in einem sehr frühen Stadium der Entwickelung das Bewusstsein des unbedingten Wertes der sittlichen Normen und der eignen unbedingten Verpflichtung, ihnen gemäss zu handeln, geltend. Diese unbedingte Verpflichtung fordert, wenn anders sie einen Sinn hat, die

unbedingte Möglichkeit ihrer Verwirklichung. Eine solche gewährleistet aber die deterministische Willenstheorie in keiner Weise. Sie macht das Bewusstsein des Menschen zu einem Schauplatz des Wechselspiels konstanter und aktueller Motive und kann dementsprechend den ethischen nur dann den Sieg über die selbstischen verbürgen, wenn sie zugleich mit den konstanten identisch sind und folglich eine Art quantitatives Übergewicht über die selbstischen besitzen. Damit bleibt nicht bloss die Herausbildung des ethischen Bewusstseins, sondern auch, nachdem es einmal entstanden ist, die Verwirklichung der in seinem „Sollen" liegenden Inhalte ausschliesslich gebunden an einen günstigen Bestand der Motivationsbedingungen, wie er durch ursprüngliche Anlagen und Einflüsse der sozialen Umgebung begründet oder auch nicht begründet sein kann; die Unbedingtheit der sittlichen Verpflichtung muss — wenigstens was ihre praktische Realisierbarkeit anlangt — als eine Illusion preisgegeben werden. Will man sie in der vollen Realität aufrecht erhalten, die ihr nach dem lauten Zeugnis unseres allgemeinen sittlichen Bewusstseins zukommt, dann ist es offenbar unerlässlich, dem Individuum — wenigstens auf einer gewissen Stufe — eine über das Hingegebensein an seine Entwickelungsbedingungen hinausreichende geistige Kraft zuzusprechen. Diese aber kann nichts anderes sein als die Fähigkeit, auch gegenüber dem in den Verhältnissen begründeten Überwiegen der selbstischen Regungen dasjenige aufzubieten, was wir **spontane Energie der Wertbeurteilung** nannten, und solchergestalt auch das Handeln dem sittlichen Gebot zu unterwerfen.

So ist und bleibt die Forderung der Freiheit im Sinne von spontaner Energie das **notwendige Korrelat jeder Auffassung der ethischen Bewusstseinsinhalte als unbedingt wertsetzender und verpflichtender Normen.** Solche prinzipielle Würdigung des Ethischen aber glauben wir allen Theorieen gegenüber aufrecht erhalten zu müssen, die es zu einem blossen Mittel im Dienste des Gemeinwohls herabsetzen.

Für unsere Beurteilung des Willenslebens aber ergiebt sich auch von dieser Seite der Betrachtung, dass wir weder genötigt noch berechtigt sind, es als einer unabänderlich waltenden Notwendigkeit unterworfen aufzufassen. Es gibt keine überzeugende Erwägung, die uns veranlassen müsste, unser Leben als den Ablauf einer psycho-physischen Maschine zu deuten, wie es der „reine" Determinismus bewusst oder unbewusst tut.

4. Ein Rückblick auf den gesamten Gang unserer Untersuchung legt uns den abschliessenden Gedanken nahe, es komme vielleicht auch unserer Auffassung des Willenslebens die Eigenschaft zu, welche Siebeck der Goethe'schen Freiheitslehre beilegt, die Eigenschaft nämlich, „**über dem hergebrachten Gegensatz des Determinismus und Indeterminismus hinauszuliegen**" [1]). Wir glauben den mannigfaltigen, unsern Willen bedingenden Mächten, welche nicht aus dem Innersten der Persönlichkeit selbst stammen, in vollem Masse gerecht geworden zu sein; wir leisten ferner der Forderung des Determinismus nach kausaler Geschlossenheit und kontinuierlicher Entwickelung des Willenslebens Genüge. Und dennoch setzen wir in dessen Ablauf eine spontane Energie des Bewusstseins und somit ein Vermögen wirklicher Freiheit ein. Aber dieses ist uns in keiner Weise mit dem natürlichen Dasein des Individuums von vornherein schon gegeben; es hat mit ungebundener und blind zufahrender Willkür nichts zu tun. Unsere spontane Energie ist ein Vermögen, das erst auf einer gewissen Entwickelungsstufe des einzelnen und unter der Voraussetzung normaler Veranlagung und normaler Entwickelungsbedingungen

---

[1]) Goethe als Denker, 232.

hervortritt, aber dann freilich von letzteren nur „geweckt", nicht in das Innere „hineingetragen" ¹) wird. Sie betätigt sich ferner nur **an der Hand und in der Richtung der** unserm Bewusstsein zugeführten **Motive** und hat so den natürlichen Motivationzprozess zu ihrer Unterlage und Voraussetzung.

So gehört unsere Arbeit in die Reihe der Versuche, welche es darauf anlegen, zwischen den schroff einander gegenüberstehenden Richtungen zu **vermitteln**. Ob unsere Aufstellungen im einzelnen zu einer Klärung des uralten Problems das ihrige beitragen, vermögen wir nicht zu entscheiden. Wir würden indessen vollauf zufrieden sein, wenn uns der Nachweis gelungen wäre, dass das Hauptargument des Determinismus, die uneingeschränkte Gültigkeit des Kausalgesetzes in seiner strengen Form auch für das Seelische, auf jeden Fall nicht als etwas Unantastbares dasteht.

---

¹) Siebeck a. a. O. 232.

Lebenslauf.

Geboren am 7. Januar 1879 zu Lich in Oberhessen als Sohn des Fürstlich Solmsischen Forstrats Karl Wimmenauer und seiner Frau Julie, geb. Beck, besuchte ich, Walther Wimmenauer, zunächst die Volksschule meiner Heimatstadt. Im Frühjahr 1887 wurde mein Vater als Professor der Forstwissenschaft an die Universität Giessen berufen. Ich trat Herbst 1887 in die Vorschule, Ostern 1888 in die Sexta des dortigen Gymnasiums ein und verliess diese Anstalt im März 1897 mit dem Zeugnis der Reife. Darauf genügte ich zunächst vom 1. April 1897 an meiner einjährigen Dienstpflicht im Infanterieregiment Kaiser Wilhelm (2. Grossh. Hess.) No. 116. Von meinen nun folgenden 9 Studiensemestern widmete ich die 3 ersten und 4 letzten zu Giessen, das 4te und 5te zu Berlin vorwiegend der germanischen Philologie und der Geschichte. Ich hörte während dieser Zeit Vorlesungen und nahm an Seminarien und Übungen teil in Giessen bei den Herren Professoren und Dozenten: Behaghel, Behrens, Collin, J. R. Dieterich, Höhlbaum †, Kinkel, Oncken, Pichler †, Shawcross, Siebeck, Sievers, Wetz, in Berlin bei den Herren: Dessoir, Harnack, Herrmann, Lenz, R. M. Meyer, Paulsen, Rödiger, Scheffer-Boichorst †, E. Schmidt, Schmoller, Simmel, Tangl. — Ihnen allen bin ich für mannigfache Anregung herzlich dankbar.

Am 1. August 1902 bestand ich zu Giessen die Prüfung für das höhere Lehramt. Von Herbst 1902 bis Herbst 1903 legte ich als Akzessist mein Probejahr am pädagogischen Seminar des Giessener Gymnasiums ab. Nach vorübergehenden Verwendungen im Schuldienst zu Langen bei Darmstadt, Offenbach a. M. und Bingen bin ich seit Ostern 1904 mit der provisorischen Verwaltung einer Lehrerstelle am Giessener Gymnasium betraut. Am 1. Oktober 1904 erfolgte meine Beförderung zum Assessor.

Erst nach dem Abschluss meiner Universitätstudien hat die Bekanntschaft mit den Schriften Diltheys ein tieferes Interesse für philosophische Probleme in mir wachgerufen. Als Frucht meiner an Dilthey anknüpfenden Studien ist die vorliegende Arbeit erwachsen. Wärmsten Dank schulde ich meinem hochverehrten Lehrer, Herrn Geh. Hofrat Siebeck, der die Entwickelung der Dissertation mit regem Interesse begleitet und mit gediegenem Rate gefördert hat.

www.ingramcontent.com/pod-product-compliance
Lightning Source LLC
Chambersburg PA
CBHW020159170426
43199CB00010B/1111